Ulmer Taschenbuch 43

Hans Häckel

Das Gartenklima
verstehen, nutzen, lenken

47 Farbfotos
28 Zeichnungen

E.U.
VERLAG
EUGEN
ULMER

Bild Seite 2: Lichtsäule.

CIP-Titelaufnahme der Deutschen Bibliothek

Häckel, Hans:
Das Gartenklima : verstehen, nutzen, lenken / Hans Häckel. –
Stuttgart : Ulmer, 1989
(Ulmer-Taschenbuch ; 43)
ISBN 3-8001-6211-3
NE: GT

Printed in Germany
Lektorat: Agnes Bartunek, Herstellung: Gabriele Wieczorek
Satz: Typobauer Filmsatz GmbH, Ostfildern 3
Druck und Bindung: Georg Appl, Wemding

Vorwort

Für meine Agnes

Weit mehr als alle Züchtungserfolge, die Düngung und der Pflanzenschutz zusammen wirkt sich das Wetter auf Wachstum und Ertrag in unseren Gärten aus. Auf stolze 70 Prozent beziffern die Fachleute den Einfluß von Wärme, Wind und Regen. Das vorliegende Buch möchte Ihnen zeigen, wie Sie die Gunst des Wetters und des Klimas nutzen und Schäden abwenden können.

Das beginnt schon beim Gartenplan: Sie finden erklärt, wo im Garten die sonnigen und die schattigen, wo die wärmeren und wo die kühleren Stellen sind. Auf die Frostgefährdung, woran man sie erkennt und wie man ihr begegnet, wird ebenso eingegangen wie auf Windschutz und Bewässerung. Schäden durch Hagel, Eisregen, Schneebruch und Erosion werden besprochen und natürlich fehlt es auch nicht an Ratschlägen, wie man sich solchen Ereignissen gegenüber verhalten soll.

Sie erfahren zudem, wie Sie Ihren Garten für den nächsten Winter »frostfest« machen können. Auch mit den Grundlagen des Klimas im (ungeheizten) Hobbygewächshaus werden wir uns beschäftigen und zeigen, welche Möglichkeiten es gibt, die Vegetationszeit unter Glas so weit wie möglich auszudehnen und Hitzeschäden im Sommer zu vermeiden. Neben dem Strohhut und der grünen Schürze ist wohl die Gießkanne das bekannteste Markenzeichen des Hobbygärtners. Aber seien Sie versichert, der Autor dieses Buches schleppt Gießkannen genauso ungern wie Sie und hat deshalb eine Reihe von Regeln zusammengetragen, wie man diese Arbeiten auf ein Mindestmaß beschränken kann. Und wenn Sie selbst Wetterbeobachtungen anstellen möchten, finden Sie dazu die Ratschläge des Meteorologen. Statt des Hundertjährigen Kalenders, der ja ohnehin nicht stimmt, wurde ein Abschnitt über den mittleren Jahresablauf der Witterung mit seinen Besonderheiten wie beispielsweise den Eisheiligen oder der Schafskälte aufgenommen und mit dem phänologischen Jahreszeitenkalender verknüpft.

Ich will aber nicht nur »know-how« vermitteln, ein kleines bißchen wird der Text auch immer darauf eingehen, warum das alles so und so ist. Und schließlich werden zwischendurch immer wieder Phänomene vorgestellt, die einem bei der Gartenarbeit begegnen, die man aber meist nicht zu deuten vermag – oder wissen Sie, warum sich Reif bevorzugt an den Blatträndern und -rippen absetzt oder warum die Sonne noch zwei »Nebensonnen« haben kann?

Insgesamt wurde hier der Versuch unternommen, das Wissen, das die Agrarmeteorologie seit Jahren den Landwirten, Gärtnern und Winzern mit Erfolg zur Verfügung stellt, in angepaßter Form auch dem Hobbygärtner nutzbar zu machen. Möge das Buch dazu beitragen, daß Ihnen Ihr Hobby in Zukunft noch mehr Freude bereiten wird.

Hans Häckel
Freising-Weihenstephan,
Sommer 1988

Inhaltsverzeichnis

Sonnenstrahlung

Die Sonne als Licht und Wärme spendende Kraft

Das Symbol der Sonne als Lebenspender ist von alters her tief im Bewußtsein des Menschen verwurzelt. In der Mythologie hat sie schon immer eine herausragende Rolle gespielt. Viele Kulturen haben sie in den Rang hoher und höchster Gottheiten erhoben. Zu den bekanntesten Sonnengöttern gehören der ägyptische Re und der griechische Helios. Einen ausgesprochenen Höhepunkt erreichte die Sonnenverehrung bei den Inkas.

Künstler aller Epochen haben in ihren Werken zum Ausdruck gebracht, was sie beim Anblick der Sonne empfanden. Veith Stoss hat seinem »Englischen Gruß«, der weltberühmten Verkündigungsgruppe, die er 1518 für die Nürnberger Lorenzkirche geschnitzt hat, ein besonders liebenswürdiges Sonnengesicht beigegeben.

In unserer aufgeklärten Welt hat die Sonne ihre mythologische Bedeutung zwar eingebüßt. Dennoch ist sie viel mehr als nur eine leuchtende Gaskugel im Mittelpunkt unseres Planetensystems geblieben. Wie sehnt man sich doch auch noch heute während eines langen, kalten Winters nach dem sonnigen Frühling und wie anders fühlt man sich, wenn nach einer Reihe von trüben Tagen die Sonne endlich wieder hinter den Wolken hervorzuspitzen beginnt.

Und dennoch wird die Sonne zur Licht- und Wärmespenderin, weil sie eben eine hell-leuchtende Gaskugel ist. Eine Gaskugel mit einem Volumen von 1,3 Millionen mal dem Inhalt der Erde,

in deren Innern bei unvorstellbaren Temperaturen bis zu 15 Millionen °C Wasserstoffatome zu Heliumatomen verschmelzen.

Dieser Vorgang versetzt die Sonne in die Lage, so ungeheuer hohe Energiemengen abzustrahlen, daß auf der 150 Millionen km von ihr entfernten Erde noch in jeder Sekunde 50 Milliarden kWh ankommen. In nicht einmal 4 Sekunden empfängt die Erde genausoviel Sonnenenergie, wie die gesamte Menschheit an einem ganzen Tag verbraucht.

Die Sonnenstrahlung enthält nicht nur sichtbares Licht. Nur knapp die Hälfte davon können unsere Augen wahrnehmen. Rund 7 Prozent fallen in den Bereich der ultravioletten Strahlung, 47 Prozent in den der infraroten. Auch Röntgen- und Radiowellen sendet die Sonne aus. Für sie brauchen sich aber nur die Astrophysiker zu interessieren.

Linke Seite: Die Sonne aus dem »Englischen Gruß« von Veith Stoss.

Unten: Das dunkle Blatt erwärmt sich in der Sonne und schmilzt deshalb den Schnee unter sich.

Streuung und Reflexion des Sonnenlichtes

Ehe das Sonnenlicht die Erdoberfläche erreicht, muß es erst die Atmosphäre passieren und dabei geht einiges an Strahlung verloren. Nur ein knappes Drittel kommt unbehelligt durch. Das ist der Teil, den wir als eigentliche Sonnenstrahlung empfinden. Die beiden anderen Drittel werden von den Luftteilchen und den Verunreinigungen der Atmosphäre verschluckt oder von den Wolken und Luftteilchen in alle Richtungen zerstreut. Von der zerstreuten Strahlung profitieren wir natürlich auch unseren Teil. Wir finden ihn im blauen Himmelslicht und in den weiß oder grau leuchtenden Wolken wieder. Zusammen mit dieser »indirekten« Sonnenstrahlung kommt uns dann etwas weniger als die Hälfte der außeratmosphärischen Sonnenstrahlung zu. Fällt das Sonnenlicht schließlich auf eine feste oder flüssige Oberfläche, so wird ein Teil davon wieder zurückgeworfen (»reflektiert«). Der Rest dringt in das Material ein und erwärmt es. Man sagt: Die Strahlung wird »absorbiert«.

Die Wärmequelle Sonnenstrahlung wird also wegen der Reflexion nie vollständig ausgeschöpft. Wieviel Strahlung eine Oberfläche zurückwirft, kann man ihr im wahrsten Sinne des Wortes »ansehen«. Erscheint sie uns hell, dann reflektiert sie viel und kann sich daher nur wenig erwärmen; erscheint sie dunkel, dann reflektiert sie wenig und erwärmt sich stark. Auf der Abbildung sieht man ein im Vergleich zum Schnee relativ dunkles Eichenblatt. Es absorbiert natürlich mehr Sonnenlicht als der Schnee. Dabei erwärmt es sich und bringt so den Schnee unter sich zum Schmelzen. Im Lauf der Zeit sinkt es dadurch immer tiefer und tiefer ein.

Dunkel gestrichene Oberflächen erwärmen sich (gegenüber der Luft) oft mehr als doppelt so stark wie weiß gestrichene. Neuschnee reflektiert bis zu 95 Prozent des auftreffenden Sonnenlichtes, ein unbebauter Gartenboden dagegen nur ungefähr 10 bis 20 Prozent, wenn er feucht, und 20 bis 30 Prozent, wenn er sehr trocken ist. Unsere Gartenpflanzen werfen je nach Farbton 15 bis 25 Prozent des auftreffenden Lichtes zurück. Eine Besonderheit stellt in diesem Zusammenhang das Wasser dar. Es reflektiert besonders stark, wenn das Licht sehr flach einfällt, also bei tiefem Sonnenstand. Bis zu 80 Prozent werden dann zurückgeworfen und führen zu dem von den

Fotofreunden so hoch geschätzten Glitzern. Steht die Sonne dagegen hoch am Himmel, dann ist es mit der Pracht nicht mehr so weit her, dann werden gerade noch 3 bis 10 Prozent reflektiert.

Auch die Farben unserer Umwelt sind eine Folge der Reflexion. Die allermeisten Materialien werfen nur ganz bestimmte Wellenlängen zurück, diejenigen nämlich, mit deren Farbe sie uns erscheinen: Eine Kirsche reflektiert also die rote Strahlung, eine Zitrone die gelbe und das Laub die grüne.

Unsichtbares Licht

Natürlich kann unser Auge nur verfolgen, was im Bereich des sichtbaren Lichtes passiert. Die Vorgänge im Bereich des Ultravioletten und des Infraroten bleiben ihm verborgen. Das ist sehr schade, denn gerade im Infrarot-Bereich zeigen die grünen Pflanzen ein außerordentlich interessantes Verhalten. Solange sie nämlich voll vital sind, reflektieren sie bis zu zwei Drittel der auftreffenden Strahlung. Geraten sie aber in irgendeiner Form unter Streß, so geht die Reflexion schlagartig zurück. Nun gibt es aber (neben elektronischen Verfahren) Spezialfilme, die auch im Bereich des Infraroten empfindlich sind. Wegen ihres selbstverständlich verfälscht wirkenden Farbcharakters heißen sie »Falschfarbenfilme«. Die infrarote Reflexstrahlung der Pflanzen wird zum Beispiel darauf rot abgebildet. Kranke, unter Nährstoff- oder Wassermangel leidende oder sonstwie geschädigte Pflanzen kann man so aufgrund ihres bläulichen Farbtones leicht erkennen, erheblich leichter als im sichtbaren Licht. Das Foto auf dieser Seite zeigt ein besonders interessantes Beispiel. Wir blicken aus dem Flugzeug auf ein gesundes (rot leuchtendes) Getreidefeld, aus dem sich bläulich die Umrisse eines Bauwerkes abheben. Des Rätsels Lösung: Im Boden unter dem Acker liegen die Fundament-Reste eines römischen Gutshofes. Die Steine können dem Getreide keine Nährstoffe und kaum Wasser zur Verfügung stellen, so daß die Pflanzen nur kümmerlich dahinvegetieren. Mit Hilfe der »Luftbild-Archäologie« lassen sich auf diese Weise uralte Baudenkmäler bequem auffinden, die sonst wahrscheinlich für immer verborgen geblieben wären.

In der Falschfarbenaufnahme lassen sich die im Boden liegenden Fundamente eines römischen Gutshofes an der blauen Färbung erkennen.

Wozu die Pflanzen das Sonnenlicht brauchen

Man wird sich zwangsläufig die Frage stellen, was unsere Schützlinge, die Pflanzen, denn mit dem absorbierten Licht anfangen. Der allergrößte Teil davon – meist mehr als 95 Prozent – bewirkt, wie bei den leblosen Objekten eine Erwärmung der Pflanze. Bei prallem Sonnenschein kann ein Pflanzenblatt leicht um 10 bis 15 °C wärmer werden als die umgebende Luft. Wir werden uns mit dieser Erwärmung später noch zu beschäftigen haben (siehe Seite 106). Der Rest wird als Energiequelle für eine ganze Reihe von chemischen Vorgängen ausgeschöpft.

Photosynthese (Assimilation)

Da wäre zunächst einmal die Photosynthese oder Assimilation zu nennen. Sie ermöglicht es den Pflanzen unter Freisetzen von Sauerstoff aus den beiden Verbindungen Wasser und Kohlendioxid den Traubenzucker aufzubauen, der das Ausgangsmaterial für eine riesige Zahl von pflanzlichen Substanzen darstellt. Da die tierischen Organismen diesen Prozeß nicht beherrschen, sind sie auf den Verzehr organischer Nahrung angewiesen. Aber jede organische Nahrung, gleich ob es sich um Fleisch oder pflanzliche Produkte handelt, geht letztlich auf die Photosynthese zurück. Dieser Prozeß gehört damit zu den fundamentalsten biologischen Vorgängen auf unserer Erde.

Zur Photosynthese benützen die Pflanzen überwiegend blaues und rotes Sonnenlicht, das grüne ist am wenigsten brauchbar und wird deshalb reflektiert oder durch die Blätter durchgelassen. Der Ausnutzungsgrad ist allerdings gering. Die Pflanzen binden üblicherweise lediglich 1 bis 3 Prozent der auftreffenden Strahlungsenergie. Nur wenige Kulturen, zu denen zum Beispiel der Mais gehört, bringen es unter optimalen Voraussetzungen auf mehr als 5 Prozent

Das für die Photosynthese nur wenig brauchbare Grün – so wurde vorhin gesagt – wird von den Blättern reflektiert oder durchgelassen. Daraus ergibt sich eine wichtige Folgerung für den Gärtner. Das durch einen Pflanzenbestand durchfallende Licht enthält nur mehr wenig von dem photosynthetisch hochwirksamen Blau und Rot. Es ist somit für den Unterwuchs relativ wertlos. Deshalb haben Pflanzen unter einem dichten Bestand kaum eine Wachstumschance. Auch den meisten Unkräutern geht es da nicht anders. Wir können also schon dadurch Unkrautbekämpfung treiben, indem wir immer für einen geschlossenen Pflanzenbestand sorgen. Natürlich gibt es Unkräuter die sich der Gefahr tödlicher Dunkelheit recht wohl zu entziehen wissen, indem sie entweder sehr schnell wachsen und so den Bestand überwuchern. Oder aber sie winden sich gleich gar an unseren Nutzpflanzen hoch, um ans Licht zu kommen. Zwei von der übelsten Sorte sind die Quecke, gelegentlich auch »Brachwurz« genannt, und die Ackerwinde. Und doch kann man auch sie durch Dunkelheit zur Strecke bringen. Dazu braucht man nur den Boden sorgfältig mit einer lichtdichten Folie abzudecken. (Bitte geschlitzte Fo-

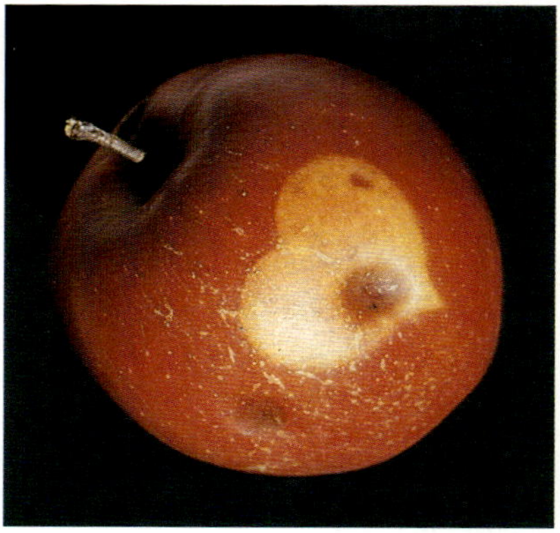

Liebesapfel (den leider ein Hagelkorn mitten ins Herz getroffen hat).

lie verwenden, damit das Gieß- und Regenwasser durchkann.)

Aufbau von Farbstoffen

Licht wird auch zum Aufbau verschiedener Farbstoffe benötigt. So werden zum Beispiel manche Äpfel nur dort »rotbäckig«, wo sie die Sonne trifft. Gelegentlich kann man auf einem Apfel die exakte Kontur eines Blattes finden, das den Sommer über auf ihm gelegen und so die Sonne abgeschattet hatte. Clevere Gärtner kleben lichtdichte Papierherzen auf die Äpfel, unter denen die Rotfärbung dann ausbleibt. Im Herbst wird die Schablone abgezogen und man verkauft die Früchte mit dem (gelben) Herzchen auf der roten Backe als »Liebesäpfel«.

Einfluß auf die Keimung und das Wachstum

Viele Samen keimen nur, wenn in ihrer Umgebung eine bestimmte Mindesthelligkeit herrscht – anders ausgedrückt, wenn sie an der Bodenoberfläche oder nur ganz seicht im Boden liegen. Typisch ist dieses Verhalten für sehr kleine Samen mit nur geringen Stoffreserven. Würden sie in größerer Tiefe keimen, könnte ihr Keimling den langen Weg bis zur Bodenoberfläche nicht durchstehen. Zu diesen »Lichtkeimern« gehören auch viele Unkraut- und Gräsersamen. Sie können beim Unterhacken oder auch auf dem Komposthaufen in eine Art Schlaf versinken und erst nach erneuter Bodenbearbeitung oder nach dem Ausbringen mit dem Kompost spontan und massenweise aufkeimen. Eine Mulchabdeckung, die ihnen das notwendige Licht entzieht, verhindert das. Sie wird auf diese Weise ein wichtiges Hilfsmittel zur Unkrautbekämpfung. Von unseren Gemüsen gehören insbesondere Salat und Möhren zu den Lichtkeimern. Andere Pflanzen zeigen allerdings ein völlig gegenteiliges Verhalten. Melone, Kürbis und Gurke zum Beispiel keimen nur bei absoluter Dunkelheit. Und schließlich gibt es eine Reihe von Pflanzen, deren Samen sich völlig lichtneutral verhalten.

Auch auf das Längenwachstum kann das Licht Einfluß nehmen. Man braucht nur an keimende Kartoffeln zu denken. Läßt man sie zu lange im Dunkeln, so bekommen sie lange, viel zu dünne Triebe. Ähnliches läßt sich beobachten, wenn man Pflanzen mit schwarzer Folie abdeckt. Sie mobilisieren dann alle verfügbaren Kräfte, um wieder ans Licht zu kommen und dort durch Photosynthese neue Lebensenergie zu schöpfen. Für die Pflanze ist das ein Kampf ums Überleben.

Einfluß auf den Blühzeitpunkt

Bei einer Reihe von Pflanzen setzt die Blüte erst ein, wenn täglich mindestens

14 Stunden lang Tageslicht herrscht. Man nennt sie »Langtagspflanzen«. Dabei werden aber keine besonders hohen Ansprüche an die Helligkeit gestellt. 100 Lux reichen als Lichtsignal bereits aus. Dies entspricht der Helligkeit – soweit der Himmel nicht völlig wolkenbedeckt ist – schon vor Sonnenaufgang und kurz nach Sonnenuntergang. Bei uns herrschen diese Bedingungen von Mitte April bis Ende August. Im Norden setzt der Langtag wegen der längeren Dämmerung schon eine Woche früher ein als im Süden und reicht dort auch eine Woche weiter in den Herbst hinein.

Typische Langtagpflanzen sind Erbse, Fenchel und Spinat. Nun soll die Erbse reichlich blühen, der Fenchel dagegen überhaupt nicht. Also wird man die Erbsen zeitig im Jahr aussäen, den Fenchel aber erst, wenn die Tage schon wieder spürbar kürzer werden, also ab Mitte Juli. Auch beim Spinat können wir das Blühen unterdrücken, wenn wir ihn entweder früh oder erst im Spätsommer anbauen. Chinakohl und Pak Choi gehören ebenfalls in diese Gruppe. Sie bilden nur dann schöne Köpfe und verzichten auf die Blüte, wenn sie im Herbst nach dem Ende der Langtagsphase heranwachsen. Bei Zwiebel, Salat und Kartoffeln wirkt sich der Langtag fördernd auf die Blühwilligkeit aus. Fast alle Sommerblumen, insbesondere die Fuchsien, verhalten sich entsprechend. Die Fuchsien werden sogar erst bei einem täglichen Lichtgenuß von 16 Stunden richtig blühfreudig. Andererseits gibt es auch »Kurztagpflanzen«, die nur zur Blüte kommen können, solange der Tag kürzer als 14 Stunden ist. Im Grunde reagieren diese Pflanzen nicht auf den kurzen Tag, sondern auf die lange Nacht. Im Nutzgarten findet man außer Erdbeeren, Topinambur und den Chrysanthemen allerdings kaum Vertreter dieser Gruppe. Der Zuckermais bevorzugt den Kurztag zur Blüte. Das Musterbeispiel unter den Zierpflanzen ist der Weihnachtsstern *(Euphorbia pulcherrima)*. Zwar fällt Weihnachten ohnehin schon in die Zeit der kürzesten Tage, dennoch unterstützt der Gärtner das pünktliche Blühen durch zeitweises Abdunkeln des Gewächshauses. In der Wohnung entwickeln Weihnachtssterne oft keine Blüte, weil ihnen die abendliche Zimmerbeleuchtung eine Unterbrechung der langen Nacht signalisiert. Viele Pflanzen verhalten sich »tagneutral« oder es wurden tagneutrale Sorten lichtabhängiger Arten gezüchtet.

Mit der Tageslängenreaktion (auch »Photoperiodismus« genannt) paßt die Pflanze ihren Lebensrhythmus dem Klimaverlauf ihres Ursprungsgebietes an. In einem Klima mit sommerlicher Dürrezeit zum Beispiel muß die Blüte bereits unter den frühsommerlichen Langtagsbedingungen (und nicht erst unter den herbstlichen Kurztagsbedingungen) eingeleitet werden, um die Samenbildung rechtzeitig vor der Trokkenzeit abzuschließen.

Schädliche Wirkungen

Es soll aber nicht verschwiegen werden, daß Licht auch eine zerstörende Wirkung auf die Pflanzen ausüben kann. Während das sichtbare Licht aber höchstens schattenbedürftigen Moosen schadet, kann ultraviolette Strahlung in übermäßiger Dosis regelrecht töten. Zum Glück erreicht nur sehr wenig der im Sonnenspektrum enthaltenen UV-Strahlung die Erdoberfläche. Der größte Teil wird von der Atmosphäre absorbiert, wobei das Ozon eine bedeutende Rolle spielt. Im Hochgebirge nimmt die UV-Konzentration aber doch deutlich zu. Die dort heimischen Pflanzen, wie etwa das Edelweiß, wissen sich aber sehr wohl vor dieser gefährlichen Strahlung zu schützen, indem sie sich ein stark reflektierendes Haarkleid zulegen. Bringt man sie von ihrem angestammten Standort ins UV-arme Tal, dann brauchen sie diesen Schutzpelz nicht mehr und legen ihn ab. Das ist der Grund, warum das Edelweiß im Garten so schnell seine samtig-weiße Behaarung verliert.

Lichtbedürfnisse unserer Gartenpflanzen

Unsere Gartenpflanzen haben oft ganz unterschiedliche Lichtbedürfnisse. Während die einen den ganzen Tag in der prallen Sonne stehen wollen, lieben andere eher ein schattiges Plätzchen oder bevorzugen einen halbschattigen Standort. Der Lichtbedarf einer Pflanze läßt oft Rückschlüsse auf ihre ursprüngliche Heimat zu. So stammen die Schattenpflanzen oft aus den düsteren tropischen Regenwäldern oder anderen Waldklimaten mit wenig Licht, während viele Lichtpflanzen in hellen Regionen, wie etwa den Steppen zu Hause waren. Während die Pflanzen ein Überangebot an Licht bei gleichzeitiger guter Wasser- und Nährstoffversorgung meist gut verkraften, bedeutet andauernder Lichtmangel für jede Pflanze den Tod. Informationen über den Lichtbedarf der einzelnen Pflanzenarten holt man sich am besten beim Gärtner oder in der Fachliteratur. Auch auf den Pflanzetiketten findet man entsprechende Hinweise.

Wir aber wollen der Frage nachgehen, wo wir im Garten die mehr lichten und wo die mehr schattigen Standorte finden.

Tagbögen der Sonne

Dem Betrachter auf der Erdoberfläche präsentiert sich der Himmel als eine riesige, über ihm gewölbte Halbkugel. Auf ihr scheinen nicht nur die Sterne angeheftet, auch die Sonne zieht auf der Himmelskugel ihre Bahnen. Die Abbildung stellt die scheinbare Himmelshalbkugel dar. Die graue Fläche ist die vom Horizont begrenzte Umgebung, in der wir uns nach den Himmelsrichtungen orientieren, wie die eingezeichnete Windrose zeigt. Die Kreise auf der Himmelskugel, die ihr fast die Form eines Bienenkorbes verleihen, geben die Höhe über dem Horizont an. Auf der Himmelskugel sind die Sonnenbahnen für vier ausgewählte Tage des Jahres aufgezeichnet: den 21. Juni (der Tag der Sommersonnenwende), den 21. März und den 23. September (die Tagundnachtgleichen) und schließlich den 21. Dezember (die Wintersonnenwende). Entlang der Bahnen ist notiert, zu welcher Zeit

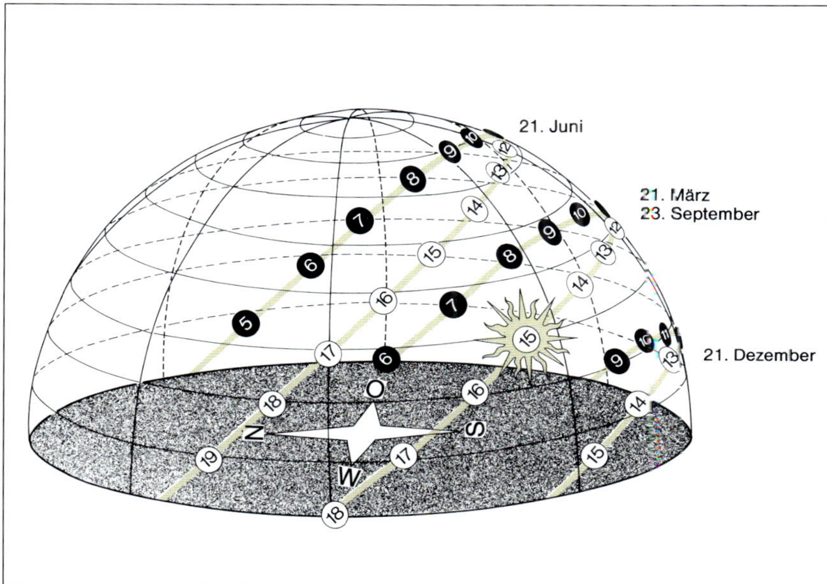

(wahre Ortszeit) die Sonne die betreffende Position einnimmt. Die Angaben gelten für eine geographische Breite von 50 Grad. Das ist die Breite, auf der Mainz liegt. Wir sehen, daß die Sonne zur Zeit der Wintersonnenwende am 21. Dezember erst nach 8 Uhr etwa im Südosten auf- und schon vor 16 Uhr im Südwesten wieder untergeht. Ihr Tagbogen ist in der Zeit um Weihnachten nicht einmal 8 Stunden lang und erreicht um Mittag kaum 17 Grad Höhe. Zur Sommersonnenwende dagegen kommt die Sonne schon gegen 4 Uhr im Nordosten über den Horizont herauf und geht kurz vor 20 Uhr im Nordwesten wieder unter. Über 16 Stunden steht sie am Himmel und erklimmt dabei die stattliche Höhe von gut 63 Grad. An den Tagundnachtgleichen geht sie genau im Osten auf und im Westen unter und erreicht während ihres zwölfstündigen Laufes 40 Grad Höhe.

Jahreszeiten

Manchem Leser ist vielleicht nicht sofort bewußt, wie es zu diesem jahreszeitlichen Auf und Ab der Sonnenbahnen kommt. Es sei deshalb ein kurzer Abstecher erlaubt. Werfen wir daher, weit draußen im Weltall stehend, einen Blick auf unser Sonnensystem mit der Erdumlaufbahn. Dabei sehen wir, daß die Erdachse, die durch die beiden Pole läuft, gegen die Ebene der Erdumlaufbahn geneigt ist (um es ganz genau zu sagen um 23,5 Grad gegenüber der Senkrechten auf die Erdbahn). Und genau diese Neigung ist es, die uns die Jahreszeiten beschert. Betrachten wir doch einmal die Situation am 22. Dezember (rechts im Bild). Denken wir uns dort in 50 Grad nördlicher Breite stehend. Dann markiert die mit »Horizont« bezeichnete Linie die Fläche, auf der wir unsere Umgebung zu sehen glauben (das entspricht der grauen Flä-

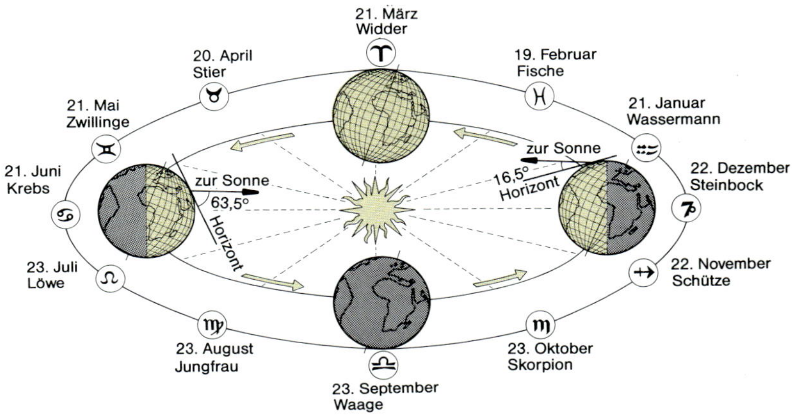
21. März
Widder
20. April
Stier
19. Februar
Fische
21. Mai
Zwillinge
21. Januar
Wassermann
zur Sonne
22. Dezember
Steinbock
21. Juni
Krebs
zur Sonne
63,5°
16,5°
Horizont
Horizont
23. Juli
Löwe
22. November
Schütze
23. August
Jungfrau
23. Oktober
Skorpion
23. September
Waage

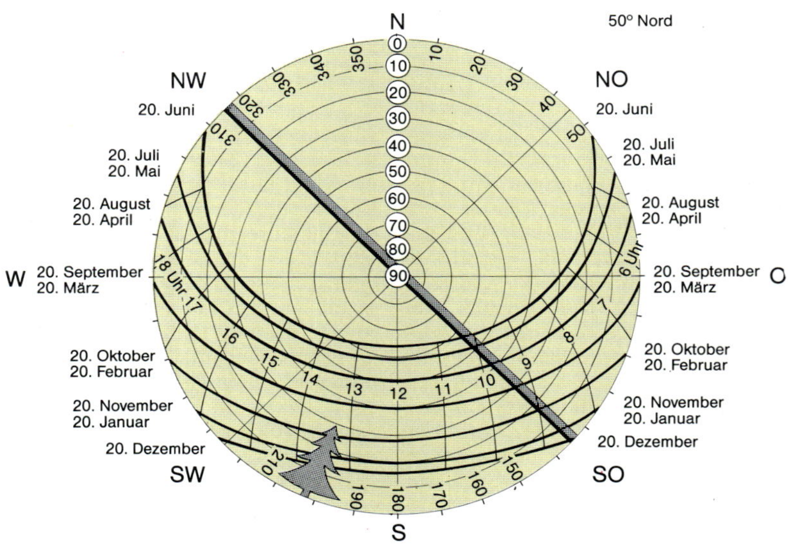
N
50° Nord
NW
NO
20. Juni
20. Juni
20. Juli
20. Mai
20. Juli
20. Mai
20. August
20. April
20. August
20. April
W
20. September
20. März
20. September
20. März
O
18 Uhr
6 Uhr
20. Oktober
20. Februar
20. Oktober
20. Februar
20. November
20. Januar
20. November
20. Januar
20. Dezember
20. Dezember
SW
SO
S

Links: Die Jahreszeiten werden durch den unterschiedlich hohen Sonnenstand bestimmt.

Unten: Mit dem Sonnenbahndiagramm läßt sich die Länge des lichten Tages ermitteln.

che aus der Abbildung von Seite 15). Der Winkel zwischen dieser Fläche und der Sonne ergibt die scheinbare Sonnenhöhe. Und wie wir sehen: dieser Winkel hat 16,5 Grad, wie vorhin aus den Bahnkurven abgelesen. Auf der Sommerseite ist die Darstellung entsprechend. Und wir finden einen Mittagswinkel von 63,5 Grad. Übrigens, den Mittagswinkel kann man leicht berechnen: Er beträgt 90 Grad minus geographische Breite (in unserem Fall 50 Grad) minus 23,5 Grad für den 21. Dezember beziehungsweise plus 23,5 Grad für den 21. Juni. Am 21. März und 23. September bleiben die 23,5 Grad unberücksichtigt. Für unsere Breiten ergibt sich dann für die Tagundnachtgleichen eine Mittagshöhe von 40 Grad. Im äußersten Norden der Bundesrepublik (auf Sylt) schwanken die Mittagshöhen zwischen 11,5 und 58,5 Grad, im Süden (Oberallgäu) zwischen 19,5 und 66,5 Grad.

Sonnenbahn-Diagramm

Für die Planung und Gestaltung des Gartens können wir freilich mit diesen Darstellungen nur wenig anfangen. Dafür müssen wir uns ein anderes Hilfsmittel erarbeiten. Dazu denken wir uns unsere Himmelskugel auf die Ebene projiziert, in der wir unsere Umgebung sehen. Wir erhalten dann das in der Abbildung wiedergegebene Diagramm. Die »Bienenkorb-Kreise«, die der Höhe über dem Horizont entsprachen, werden dann zu einer Schar von Kreisen um den gemeinsamen Mittelpunkt. In der senkrechten Achse ist angegeben, welcher Höhe (Höhenwinkel) der betreffende Kreis entspricht. Die Himmelsrichtungen sind am Rand des Diagrammes eingetragen, dazu Gradangaben, soweit es der Platz zuläßt. Das Büschel von Kurven, das sich von »Osten bis Westen« durch das Diagramm zieht, zeigt den Verlauf der Tagbögen. Sie gelten jeweils für die angegebenen Tage. Die senkrecht zum Kurvenbüschel verlaufenden Linien geben die Uhrzeit an. Es handelt sich dabei um die sogenannte wahre Ortszeit. Das ist die, die die Sonnenuhr anzeigt. (Wer in die gesetzliche Zeit umrechnen will, muß für jeden Längengrad, den er östlich vom 15-Grad-Meridian wohnt, 4 Minuten abziehen, westlich davon sind pro Längengrad 4 Minuten dazuzuzählen. Aus astronomischen Gründen bleibt noch ein Restfehler bis zu 15 Minuten (Zeitgleichung, die auf das Zweite Kepler'sche Gesetz zurückgeht). In der Periode der Sommerzeit ist noch 1 Stunde hinzuzurechnen.

Zunächst finden wir in dieser Darstellung alles bestätigt, was wir über Sonnenbahnen schon gehört haben. Darüber hinaus haben wir damit aber ein Hilfsmittel erhalten, mit dem wir recht einfach die Länge des lichten Tages bestimmen können. Wir brauchen dazu nur die Zeit zwischen Sonnenaufgang und Sonnenuntergang abzulesen. Dazu kommt dann noch die Dämmerung. Sie dauert in 50 Grad nördlicher Breite am 20. Dezember zweimal 43 Minuten, am 20. März und am 20. September zweimal 35 Minuten und am 20. Juni zweimal 51 Minuten. Nach Norden nimmt die Dauer der Dämmerung etwas zu, nach Süden nimmt sie ab.

Darüber hinaus können wir mit unserem Diagramm genau bestimmen, wann Häuserwände, Balkone, Mauern, Zäune, Hecken usw. von der Sonne beschienen werden können und wann nicht. Versuchen wir es doch gleich einmal mit einem Beispiel. Denken wir uns eine Mauer, die von Nordwest nach Südost verläuft. Wir brauchen nur eine Linie durch unser Diagramm zu ziehen, die der Mauerrichtung entspricht und durch seinen Mittelpunkt verläuft. In der Abbildung ist sie schon eingetragen. Nun kann auf die südwestliche Seite unserer Mauer nur dann Sonnenlicht fallen, wenn die Sonne südwestlich von ihr steht. Wie wir den Bahnkurven entnehmen können, kommt die Sonne im Sommer zwischen 10 und 10.30 Uhr, im Frühjahr gegen 9.30 Uhr und im Winter schon vor 9 Uhr über die Mauer herüber und bescheint sie bis Sonnenuntergang. Auf der anderen Seite der Mauer verhält es sich genau umgekehrt. Sie wird von der aufgehenden Sonne begrüßt und fällt zu den vorhin genannten Zeiten in den Schatten.

So kann man für ganz beliebig orientierte Objekte die Besonnungszeiten bestimmen, wenn man ihre Richtung in das Diagramm einträgt und die Zeiten entsprechend abliest.

Wer seinen Feierabend statt mit Unkrautjäten lieber auf der Terrasse sitzend verbringen möchte, der sollte – das zeigt sich ganz deutlich – einen Platz an einer Südwest-Mauer bevorzugen. Hier kann er noch die späte Sonnenwärme genießen. Vor einer Südwand würde er im Sommer schon ab 16.30 Uhr im Schatten sitzen. An heißen Sommernachmittagen kann das allerdings ausgesprochen wünschenswert sein.

Mit einem einfachen Winkelmesser kann man die Horizontüberhöhung bequem bestimmen.

Horizont-Einengung

Selbstverständlich gelten die Tagbögen unseres Diagrammes nur, wenn der Horizont nach allen Seiten hin völlig offen ist, was eigentlich nur auf den Ozeanen oder auf hohen Bergen der Fall sein kann. In der Landschaft werden immer mehr oder weniger große Teilstücke der Tagbögen durch das Gelände, durch Wälder, Häuser, Bäume, Mauern oder sonstige Objekte aus der Umgebung verdeckt. In Abhängigkeit von ihrer Höhe und ihrer Entfernung können sie die Besonnungsdauer erheblich verringern. Mit Hilfe unseres Sonnendiagrammes läßt sich ihr Einfluß recht genau abschätzen. Dazu brauchen wir nur einzutragen, in welcher Himmelsrichtung der Horizont überhöht ist und wieviel die Überhöhung ausmacht. Dazu müssen wir freilich den Höhenwinkel bestimmen, unter dem das betreffende Objekt erscheint. Das ist aber einfacher, als es sich anhört. Wir besorgen uns dazu einen billigen Winkelmesser oder ein Geodreieck. Am Mittelpunkt der Grundlinie feilen wir eine kleine Kerbe ein und hängen ein am Ende umgebogenes Drahtstück so hinein, daß es frei baumeln kann. Mit diesem Instrument, das wir glatt als »Sextant« bezeichnen dürfen, können wir nun sehr schnell die Horizontüberhöhung messen, indem wir entlang der Basislinie des Winkelmessers unser Hindernis anpeilen und den frei hängenden Draht auf den Winkelmesser drücken. 90 Grad minus dem angezeigten Winkel ist dann der gesuchte Höhenwinkel, in unserer Abbildung etwa 20 Grad. Bitte messen Sie aber nicht im Stehen, sondern aus der »Froschperspektive«, sonst bekommen Sie viel zu geringe Höhen.

In unserem Diagramm auf Seite 16 ist als Beispiel ein Tannenbaum eingetragen. Er steht süd-südwestlich vom Standort und erscheint unter einem Höhenwinkel von 30 Grad. Wie leicht zu erkennen ist, verdeckt er vom Spätherbst an bis in den Frühling hinein jeweils am frühen Nachmittag für einige Zeit die Sonne, im tiefen Winter fast eine Stunde lang.

Schattenwürfe

»Wo viel Licht ist, ist auch viel Schatten«, das wußte schon der altehrwürdige Geheimrat Goethe. Aber nur wenige unserer Gartenpflanzen lieben den Schatten. Wir sollten uns daher sowohl beim Anlegen eines Gartens als auch bei der jährlichen Anbauplanung Gedanken über mögliche Schattenwürfe machen. – Und was da alles Schatten werfen kann! Vom Wohnhaus und den Bäumen in der Umgebung angefangen über das Gartenhäuschen, Hecken und die Zäune bis hin zu den Stangenbohnen. Wer denkt dabei auch gleich an das Gewächshaus, das Kompostsilo, Beerensträucher, Blumenrabatten, Tomaten- oder Spargelbeete. Und doch können auch sie ihre Umgebung ganz schön »in den Schatten stellen«.

Schattendiagramm

Nun sollten wir uns aber erst einmal ein paar Gedanken zu den Schatten-

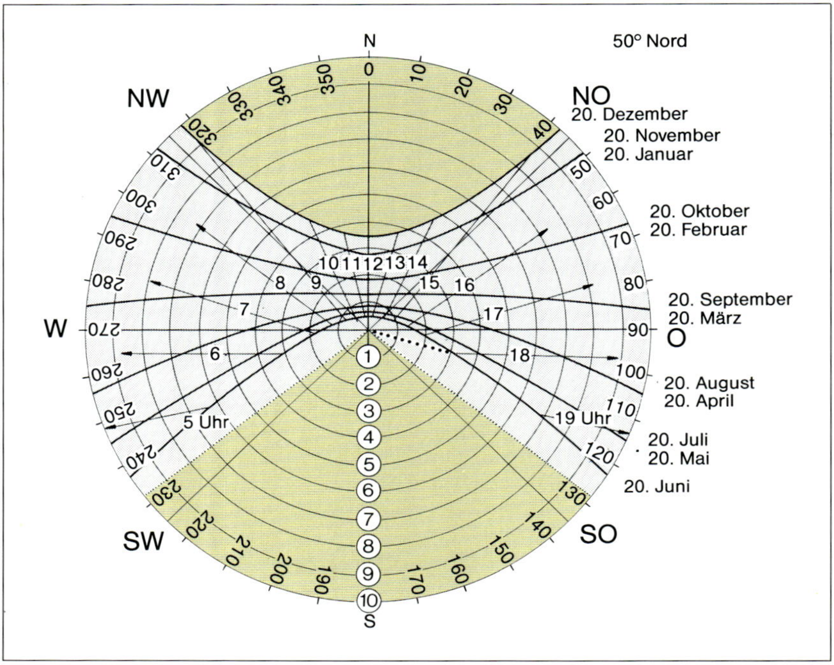
50° Nord
N
NW
NO
W
O
SW
SO
S
20. Dezember
20. November
20. Januar
20. Oktober
20. Februar
20. September
20. März
20. August
20. April
20. Juli
20. Mai
20. Juni
5 Uhr
19 Uhr

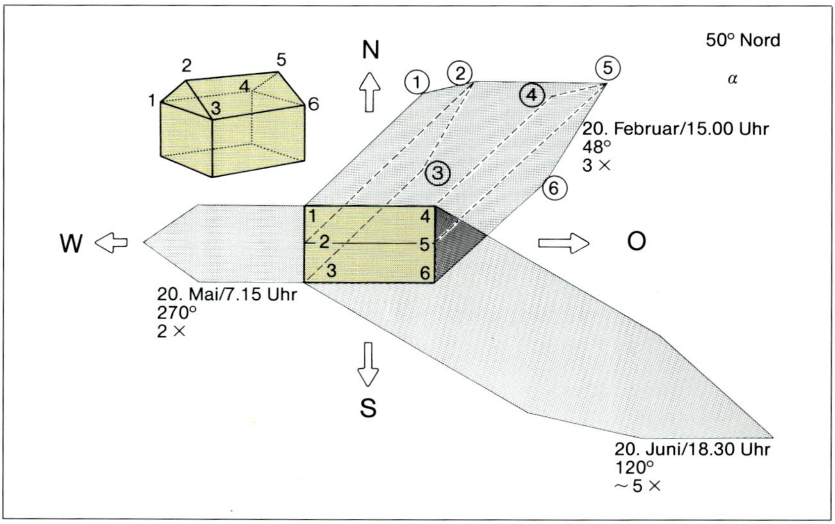
50° Nord
N
W
O
S
20. Februar/15.00 Uhr
48°
3 ×
20. Mai/7.15 Uhr
270°
2 ×
20. Juni/18.30 Uhr
120°
~ 5 ×

Links: Schattendiagramm zur Bestimmung von schattigen und sonnigen Gartenzonen (siehe Text).

Unten: Schattenwürfe eines Hauses zu ausgesuchten Zeiten.

würfen machen: Hohe Objekte werfen lange Schatten, niedere kurze, das ist eine Binsenweisheit. Aber auch die Sonnenhöhe wirkt sich dabei selbstverständlich aus. Am Morgen und am Abend sind die Schatten länger als am Mittag, im Winter sind sie länger als im Sommer. Eigentlich läßt sich die Schattenlänge ganz leicht ermitteln. Sie berechnet sich nämlich gleich der Höhe des schattenwerfenden Objekts mal dem Cotangens der Sonnenhöhe. Nun ist aber der Umgang mit dem Cotangens zugegebenermaßen nicht jedermanns Sache (der Taschenrechner spuckt ihn ohne mathematische Klimmzüge aus). Aber halten wir uns lieber gleich an ein fertiges Schattendiagramm (Abbildung). Es gilt zwar zunächst nur für dünne Stangen. Wir werden aber gleich sehen, daß man damit noch viel mehr anfangen kann. Die Skala der Himmelsrichtungen ist uns vom Sonnenbahn-Diagramm her bereits bekannt. Die Stange denken wir uns im Mittelpunkt der Schar von Kreisen stehend. Angenommen, wir möchten nun den Schattenwurf am 20. Juni um 18 Uhr bestimmen. Dann wandern wir auf der Diagrammkurve für den 20. Juni (das ist die unterste) bis zu dem Punkt, an dem sie die Zeitlinie für 18 Uhr schneidet. Diesen Punkt verbinden wir mit dem Diagramm-Mittelpunkt und schon haben wir den Schatten. (In unserem Diagramm erkennbar an der dick gepunkteten Linie.) Wie ist nun dieser Schattenwurf zu verstehen? Seine Richtung läßt sich am Diagrammrand ablesen: Er fällt etwa nach Ost-Südost (105 Grad). Die Länge liest man an den numerierten Kreisen ab. In unserem Beispiel reicht er gerade bis zum Kreis Nummer 3, das heißt, er ist dreimal so lang wie die Stange hoch ist.

Natürlich höre ich jetzt schon Ihre lästerlichen Bemerkungen, wer denn schon eine Fahnenstange in seinem Garten habe, und wen bitteschön ausgerechnet ihr völlig unbedeutender Schattenwurf interessiere. Doch diese Kritik, verehrter Leser, kam zu früh. Mit unserem Diagramm kann man nämlich auch die Schatten völlig beliebiger Objekte konstruieren. Dazu braucht man nur deren höchste Punkte herauszusuchen und zu bestimmen, wohin die Schatten fallen. Verbindet man dann diese Schattenpunkte, so ergibt sich der abgeschattete Bereich ganz von selbst. Zur Erläuterung nehmen wir uns nebenstehende Abbildung vor. Dort ist links oben ein einfaches Haus dargestellt, dessen Schattenwürfe wir konstruieren wollen. Seine höchsten Punkte sind von 1 bis 6 durchnumeriert. Der Einfachheit halber liegen die Punkte 2 und 5 (Dachfirst) gerade eineinhalbmal so hoch wie die Punkte 1, 4, 6 und 3. In der Mitte der Abbildung sieht man den Grundriß des Hauses, samt unseren 6 Punkten. Und nun an die Konstruktion! Nehmen wir erst einmal die Situation am 20. Februar um 15 Uhr. (Zu ihr gehört der Schatten nach rechts oben). Aus unserem Diagramm entnehmen wir, daß dann die Richtung des Schattenwurfes 48 Grad beträgt, das ist ziemlich genau Nordost. Und die Länge ist gerade dreimal der Höhe des Hauses. (Diese entnehmen wir der Schrägansicht des Hauses links oben im Bild.) Damit lassen sich für die sechs ausgesuchten

Punkte die Schattenpunkte bestimmen. Sie sind umringelt numeriert. Jetzt brauchen wir nur noch die am weitesten vom Haus entfernt liegenden Schattenpunkte zu verbinden und schon haben wir's.

Bei den zwei anderen Konstruktionen (am 20. Juni um 18.30 Uhr und am 20. Mai um 7.15 Uhr) sind die Hilfslinien weggelassen. Wie Sie sehen, können Sie mit ein wenig Tüftelei die Schattenwürfe jedes beliebigen Objektes bestimmen. Versuchen Sie es selbst, zum Beispiel mit einer Mauer, einer Hecke oder einem Baum.

Schattenfreie und beschattete Flächen

In der Abbildung auf Seite 20 ist der Bereich, der zu irgendeinem Zeitpunkt des Jahres im Schatten liegen kann, grau hervorgehoben. Der stets schattenfreie Bereich erscheint darin gelb. Entgegen der verbreiteten Meinung, daß man die häufigsten und die längsten Schatten an der Nordseite antrifft, sehen wir, daß gerade im Norden die Schatten besonders kurz sind. Eigentlich ist das ja selbstverständlich, denn wenn die Schatten nach Norden fallen, steht die Sonne besonders hoch am Himmel. Dazu kommt noch, daß während der Zeit der Vegetationsruhe, also von Anfang November bis Anfang März, die Schatten ohnehin belanglos sind. Daraus ergibt sich, daß die Schattenwürfe nach Norden während der uns interessierenden Wachstumszeit gerade die doppelte Objekthöhe erreichen können. Von Ende April bis Ende August bleiben sie sogar kürzer, als der Schattenspender hoch ist. Nach Westen und Osten zu wird dagegen die beschattete Zone sehr rasch breiter. Allerdings ziehen die Schatten dort schneller vorbei. Wirklich schattenfrei bleibt einmal ein gut 100 Grad breiter Sektor im Süden und ein etwa 80 Grad breiter Sektor im Norden, der allerdings erst hinter der doppelten Objekthöhe beginnt. Wie man sieht, bleibt immerhin rund die Hälfte der Umgebung ständig schattenfrei.

Außerdem zeigt sich, warum man Beete, Hecken, Zäune und Mauern nach Möglichkeit in Ost-West-Richtung anlegen sollte. Während des gesamten Sommerhalbjahres ist nämlich ihr Schatten in der Zeit zwischen 6 Uhr und 18 Uhr praktisch nie länger, als sie selbst hoch sind. Nord-Süd-Mauern sind, wie man auch aus unserem Diagramm entnehmen kann, in dieser Beziehung schon weitaus unangenehmer. Selbst während der Sommermonate bleibt ihr Schatten nur über die Mittagsstunden kürzer als ihre Höhe. Läßt es sich nicht umgehen, einen Zaun in Nord-Süd-Richtung anzulegen, so ist es empfehlenswert, Maschendraht oder lockeres Sprossenmaterial zu verwenden, um möglichst viel Licht durchzulassen. Selbstverständlich wird man in diesem Fall auf Kletterpflanzen verzichten. Außerdem sollte man versuchen, mit einer möglichst geringen Höhe auszukommen. Wir werden im Zusammenhang mit Windschutzeinrichtungen (Seite 101ff.) noch einmal darauf zu sprechen kommen.

Insgesamt empfiehlt es sich, im Hinblick auf optimale Lichtausbeute, einen Garten möglichst »treppenartig« – und zwar nach Norden hin ansteigend, zu gliedern. Das heißt, daß die Bepflanzung und die Bebauung nach Norden immer höher werden sollte. Auf diese Weise werden – zumindest vom frühen Vormittag bis zum späten Nachmittag – höchstens die unteren Etagen der nächstnördlicheren Partie beschattet. Man braucht dann nicht mehr so streng darauf zu achten, den vorhin genannten Mindestabstand von zweimal der Höhe einzuhalten. Das ist gerade bei kleineren Gärten wichtig, wo es besonders darauf ankommt, den vorhandenen Platz bestmöglich auszunutzen. Daß man auch Blumenrabatten nach diesem Prinzip anlegen soll, ist selbstverständlich. Genauso selbstverständlich sollte es natürlich auch sein, sich rechtzeitig mit seinem im Norden angrenzenden Nachbarn abzusprechen.

Schließlich noch zwei Aspekte, die man sich bei der Gartenplanung unter dem Gesichtspunkt der Schattenwürfe stets vergegenwärtigen sollte. Erstens: Bäume wachsen! Was heute ein zierliches Pflänzchen ist, kann sich in einigen Jahren zu einem stolzen Gewächs entwickelt haben und wirft dann entsprechend lange Schatten. Zweitens: Wenn Laubbäume im Herbst ihre Blätter verloren haben, werfen sie nur noch recht unbedeutende Schatten. So läßt ein noch so dichter Prachtbaum, der im Sommer das Wohnhaus von Süden her total abschattet, die Wintersonne fast ungehindert ins Haus eindringen.

Mit Hilfe unseres Schattendiagramms lassen sich sogar die Besonnungsverhältnisse in Innenräumen ganz bequem abschätzen. Dazu braucht man nur die Schattenpunkte der vier Fensterecken zu bestimmen und miteinander zu verbinden. So findet man rasch die richtigen Standorte für die Zimmerpflanzen.

Sonnenschein in Mitteleuropa

Was nützen uns die Tagbögen, das Wissen um die Horizonteinschränkung und Schattenwürfe, wenn gar keine Schatten fallen, weil sich die Sonne gerade hinter einer Wolkenschicht versteckt hält? Wieviel Strahlung sie im Mittel im Lauf eines Jahres spendet, das zeigt uns die Sonnenscheinkarte in der Abbildung Seite 24. Sie stellt die »Globalstrahlung« dar, die zusätzlich zum direkten Sonnenlicht noch das blaue Himmelslicht und die von den Wolken reflektierte Sonnenstrahlung beinhaltet. Absolute Spitzenreiter sind einige Gebiete in den Zentralalpen, die mit einem jährlichen Sonnenschein von mehr als 1400 kWh/m^2 aufwarten können. Über dem nördlichen Bayern und Baden-Württemberg lacht die Sonne schon weitaus weniger. Am schlechtesten sieht es am Nordrand der deutschen Mittelgebirge aus. Dort reicht es nicht einmal für 1000 kWh/m^2 im Jahr. Zur Nord- und Ostsee hin wird es wieder etwas besser. Auf weitere Einzelheiten wollen und können wir hier nicht eingehen.

Das Cosinus-Gesetz

Nun ist aber Sonnenschein nicht gleich Sonnenschein. Wie hinlänglich be-

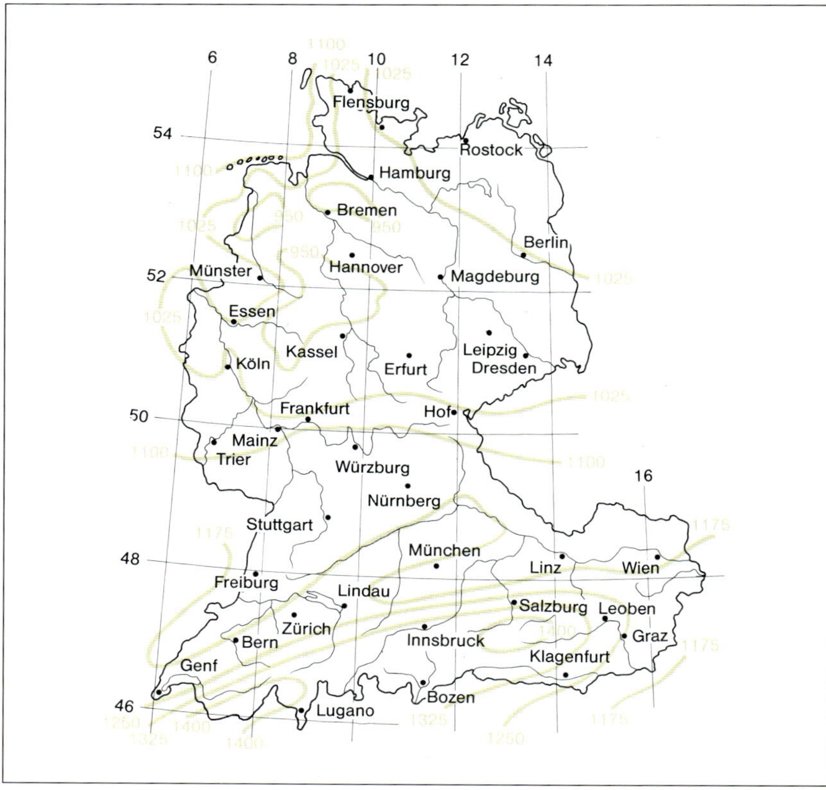

kannt, hat die tiefstehende Wintersonne erheblich weniger »Kraft« als die hoch vom Himmel lachende Sommersonne. Und daß die Sonne in den frühen Morgen- und späten Abendstunden weniger Wärme spendet als am Mittag, beobachten wir auch immer wieder. Aber woher kommt denn das eigentlich? Schauen wir uns dazu nebenstehende Abbildung an. Dort sehen wir rechts die Sonne senkrecht über dem Boden stehen. Ein Sonnenstrahl ist ausgeschnitten, er fällt auf die dunkel markierte Fläche. Sie entspricht genau dem Querschnitt des Sonnenstrahles. Ganz anders auf der linken Seite der Abbildung. Hier steht die Sonne nur etwa 30 Grad über dem Horizont. Wir schneiden einen gleichgroßen Strahl wie vorhin heraus und lassen ihn auf den Boden fallen. Jetzt verteilt sich aber das Sonnenlicht auf die doppelte Fläche. Kein Wunder, daß da die Wärmewirkung schnell nachläßt. Wenn ein Kuchen unter vielen Kindern aufgeteilt wird, bekommt eben jedes nur noch ein kleines Stück. Natürlich kann man genau berechnen, wieviel Energie verbleibt: sie entspricht dem Cosinus des Winkels α zwischen der

Links: Jahressumme der Sonnenstrahlung in kWh/m².

Unten: Die Wirkung des Cosinus-Gesetzes (siehe Text).

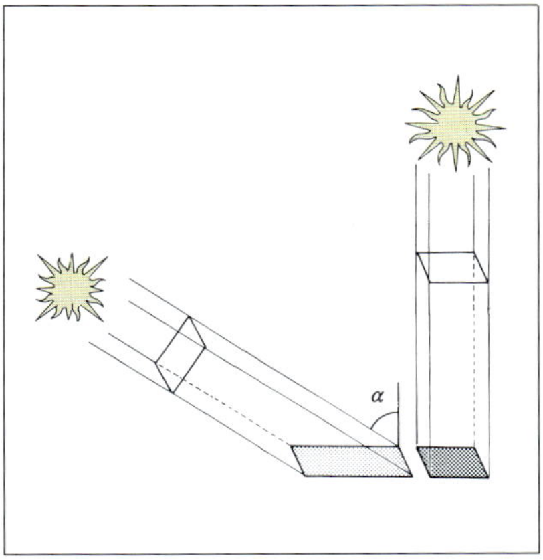

Sonne und der Senkrechten auf die Fläche (daher der Name »Cosinus-Gesetz«). Aber das wird nur mathematisch Interessierten etwas sagen. Wir Normalverbraucher schauen uns lieber gleich fertige Ergebnisse an.

Strahlungsgenuß geneigter Flächen

In der Abbildung sind verschieden geneigte Flächen zusammen mit ihrem Strahlungsgenuß zusammengestellt. Die obere Hälfte gilt für die hochstehende Sommersonne, die untere für die flache Wintersonne, jeweils zur Mittagszeit. Die Ebene nutzt im Sommer 89 Prozent der in der Sonnenstrahlung steckenden Energie aus, im Winter dagegen nur 28 Prozent. Genau umgekehrt verhält es sich bei einer senkrechten Wand, etwa einer Hauswand oder auch einer Mauer. Während sie

Strahlungsgenuß geneigter Flächen in Prozent der senkrecht auftreffenden Strahlung.

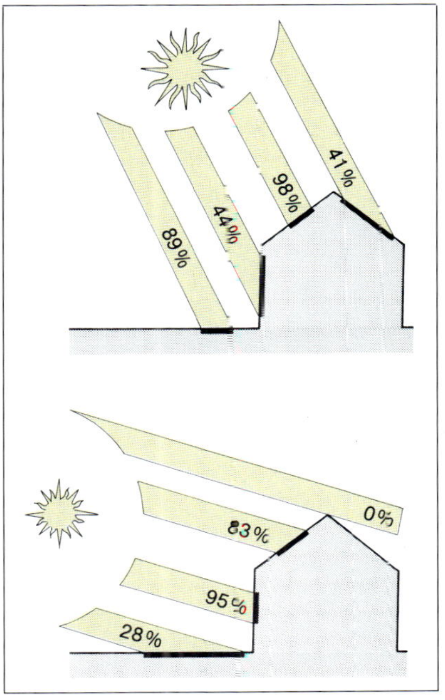

sich nur bis zu 44 Prozent der Sommersonnenstrahlung nutzbar machen kann, profitiert sie bis zu 95 Prozent aus der Wintersonne. Daraus ergibt sich, daß Südbalkone mit ihrem Schattenwurf die sommerliche Hitze vom Haus fernhalten, im Winter aber die Sonne zur Raumheizung beitragen lassen. Die beiden Dachhälften unterscheiden sich, was die Strahlungsausnutzung betrifft, naturgemäß ganz erheblich. Während der südliche Teil ganzjährig sehr intensiv bestrahlt wird, erhält der nördliche Teil überhaupt nur im Sommer direktes Sonnenlicht, und

Auf verschieden geneigte Hänge und auf eine Wand auftreffende Sonnenstrahlung, angegeben in Prozent der zur gleichen Zeit auf eine waagerechte Fläche fallenden Sonnenstrahlung

Monat	Hang-neigung	Nord	Nordost/ Nordwest	Ost/ West	Südost/ Südwest	Süd
Dezember	10 Grad	35	60	100	150	175
	20 Grad	–	30	100	200	250
	30 Grad	–	5	100	240	300
	Wand	–	–	70	285	415
März	10 Grad	80	90	105	120	130
	20 Grad	55	65	100	135	145
	30 Grad	25	50	100	145	160
	Wand	–	15	65	100	140
Juni	10 Grad	95	100	100	105	105
	20 Grad	90	90	100	105	105
	30 Grad	75	80	95	100	100
	Wand	10	30	50	40	40
September	10 Grad	85	90	107	110	120
	20 Grad	60	75	100	115	135
	30 Grad	35	60	100	130	140
	Wand	–	15	60	90	105

auch dann nur bescheidene 41 Prozent. Was hier über geneigte Dachflächen gesagt wurde, gilt selbstverständlich auch für jede andere geneigte Fläche.

Die Tabelle zeigt, wie unterschiedlich der Strahlungsgenuß verschieden geneigter Flächen in den einzelnen Jahreszeiten ausfallen kann. Grundsätzlich gilt natürlich: Flächen, die sich der Sonne zuneigen, bekommen mehr Strahlung als solche, die sich wegneigen. Analoges gilt für Schattenwürfe: auf sonnenseitigen Hängen sind sie kürzer als in der Ebene, auf sonnenabgewandten sind sie länger. Diese Regeln finden sich für den aufmerksamen Beobachter überall bestätigt: So gedeiht Wein bei uns nur auf den Südhängen. Bei großen Nadelbäumen ist der Maitrieb auf der südlichen Hälfte oft schon weiter fortgeschritten als auf der nördlichen. Im Gebirge taut der Schnee der Südhänge früher als der der Nordhänge. Die Südhänge sind demnach strahlungsmäßig am meisten begünstigt, wenn ihnen auch die Südwest- und die Südosthänge um nur wenig nachstehen. Lichthungrige Pflanzen finden also dort die besten

Links: Lichtsäule auf den Lamellen einer Jalousie (siehe Seite 30).

Standortbedingungen. Sieht man von den abweichenden Verhältnissen im Sommer einmal ab, so nimmt der Lichtgenuß mit der Hangneigung zu. Frühbeetkästen sollten deshalb so schräg wie möglich angelegt werden.

Südliche Wände sind besonders im Frühjahr recht begünstigt. Die Frühlingsblumen blühen deshalb am Haus oft schon mehrere Tage früher als anderswo im Garten. Ein Hinweis auf Ost- und Südostwände sei noch erlaubt. Im auslaufenden Winter und Frühjahr trifft sie die im Osten stehende Morgensonne unter einem recht steilen Winkel. Sie werden deshalb im Verhältnis zur Jahreszeit häufig schon recht stark erwärmt. In der Folge treiben Spalierpflanzen und Hausbegrünungen vorzeitig aus, um dann später von Frösten, die schließlich zu dieser Jahreszeit noch häufig sind, schwer geschädigt zu werden. Ähnliches gilt für West- und Südwestwände.

Die Nordhänge sind am wenigsten besonnt. Sie bieten sich daher an für das Kompostsilo, den Geräteschuppen und ähnliche Einrichtungen. Natürlich wird man dort schattenliebende Pflanzen anbauen oder hochwachsende (Zier-)Bäume, die sich ohnehin dem Licht entgegenstrecken. Am Nordhang kann man versuchen, die Lichtverhältnisse mit Hilfe von Terrassen zu verbessern. Allerdings muß man sich darüber im klaren sein, daß man die Gesamtmenge an Sonnenstrahlung nicht vergrößern kann. Das heißt, was man auf den Terrassenflächen an Licht gewinnt, muß man mit längerem Schatten bezahlen.

Interessanterweise sind die Unterschiede im Strahlungsgenuß zwischen Nord- und Südhängen im Frühjahr und Herbst viel größer als im Sommer. Sie nehmen mit der Neigung deutlich zu. Für den Gartenliebhaber bedeutet das, daß gerade im Frühjahr, wenn sich der Boden rasch erwärmen soll, damit die Saaten aufgehen und die jungen Pflanzen zügig wachsen, die Südhänge besonders bevorzugt und die Nordhänge besonders benachteiligt sind. Im Herbst, wenn Obst und Wein die späte Sonne zur Fruchtreife benötigen, verhält es sich nicht anders. Auch die Nordwände stehen während dieser wichtigen Entwicklungsphasen der Pflanzen besonders »im Schatten«. Andererseits erweisen sich die Südwände aus dem gleichen Grund für Spalierobst als besonders geeignet. Wer sich selbst an der Hauswand einen guten Tropfen anbauen will, sollte tunlichst eine Süd- oder Südwestwand dafür wählen.

Unten: Im Eisnebel entstehen Lichtsäulen über den Straßenlampen.

Rechts oben und unten: Ist der Himmel mit einer Schicht hauchdünner Eiswolken überzogen, bildet sich um die Sonne herum der kleine Haloring (nähere Erklärung auf Seite 32).

Lichtspiele am Himmel

Hobbygärtner halten ihre Augen aus naheliegenden Gründen überwiegend nach unten gerichtet. Dabei würde es sich aber durchaus lohnen, von Zeit zu Zeit auch mal einen Blick zum Himmel zu werfen und zwar nicht erst, wenn das Kreuz weh tut. Dort lassen sich nämlich bei einiger Aufmerksamkeit eine Fülle von eindrucksvollen und teilweise recht farbenprächtigen Lichterscheinungen entdecken.

Die häufigsten Lichtspiele werden im folgenden kurz vorgestellt und wir werden sehen, wie Lichtsäulen, Lichtbänder, Haloringe und Nebensonnen zustandekommen. Die Abbildung auf Seite 30 zeigt zudem, wo diese Erscheinungen, vom Betrachter aus gesehen, am Himmel auftauchen können.

Lichtsäulen und Lichtbänder

Ein Phänomen, das sich sehr oft zeigt, ist die »Lichtsäule«. Sie präsentiert sich als ein senkrechtes, meist spitz auslaufendes Lichtband oberhalb und unterhalb der Sonne. Am frühen Morgen und kurz vor Sonnenuntergang kann sie zu einer mächtigen Feuersäule anwachsen. Manchmal steht sie schon am Horizont, wenn die Sonne noch gar nicht aufgegangen ist (siehe Seite 2).

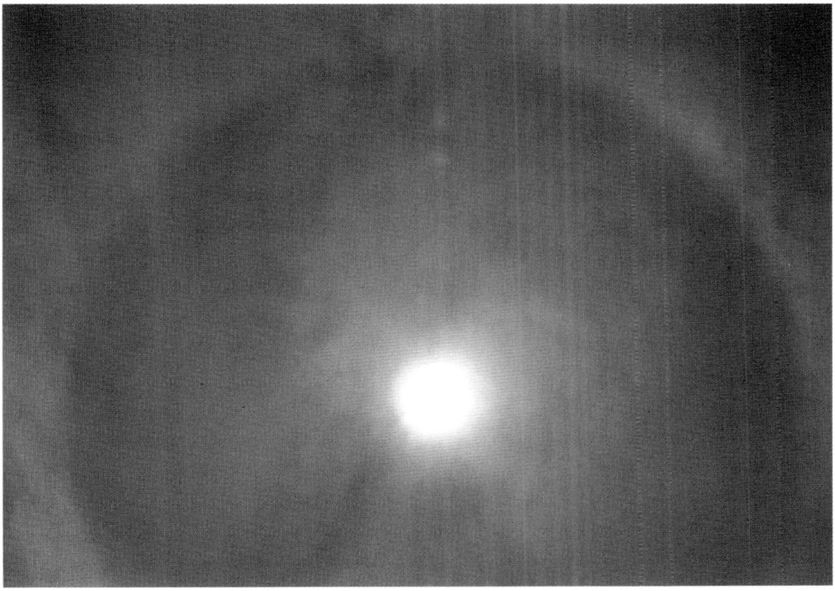

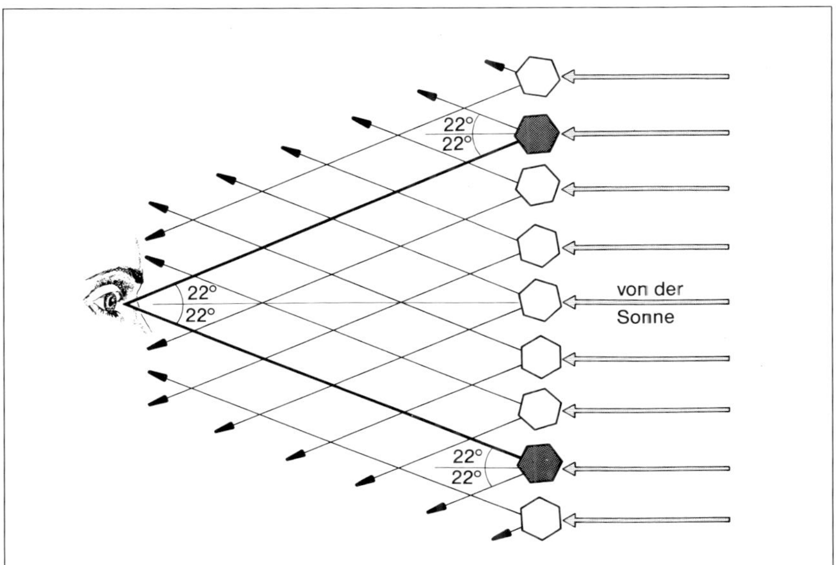
22°
22°
22°
22°
von der
Sonne
22°
22°

Oft ist der kleine Haloring von zwei Nebensonnnen flankiert. Gelegentlich tauchen die Nebensonnen aber auch alleine auf.

Unten: Die häufigsten Haloerscheinungen. 1 kleiner Haloring, 2 Nebensonnen, 3 Lichtsäule, 4 Horizontalkreis, 5 Zirkumzenitalkreis, 6 Berührungsbögen und umbeschriebener Halo, 7 großer Haloring.

Sie entsteht, wenn sich die Sonne an den Seiten langer, waagerecht in der Luft schwebender Eisnadeln spiegelt. Und da gerade die waagerechte Lage für Eisnadeln eine recht stabile Lage ist, kann man Lichtsäulen recht häufig beobachten. Der gleiche Vorgang spielt sich übrigens auch dann ab, wenn das Sonnenlicht von schräg oben auf die Lamellen einer Jalousie oder die Flanke einer Schallplattenrille fällt.

Der Nebel kalter Winternächte enthält gelegentlich auch waagerecht schwebende Eisnadeln. In ihm kann es dann über den Straßenlaternen eben-

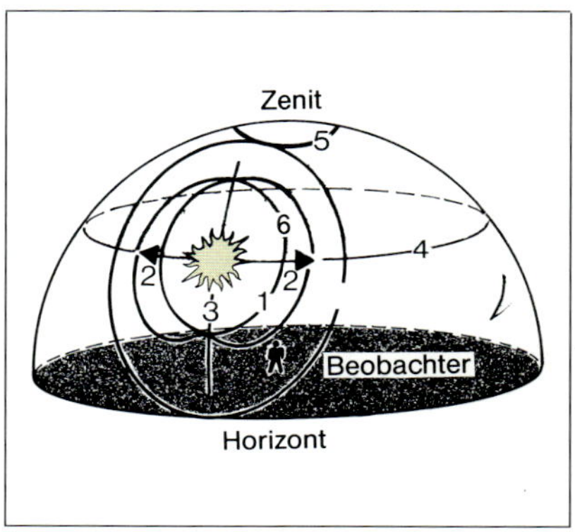

Der kleine Regenbogen ist außen rot und innen blau.

falls zur Bildung von Lichtsäulen kommen, die den Eindruck senkrecht nach oben gerichteter Scheinwerferstrahlen erwecken. Dem unbedarften Beobachter können solche »Gespenster« einen gewaltigen Schauer über den Rücken jagen.

Schweben die Eisnadeln nicht waagerecht, sondern senkrecht in der Luft, was aber wesentlich seltener vorkommt, so entsteht ein waagerechtes Lichtband links und rechts von der Sonne: der »Horizontalkreis«. In ganz seltenen Fällen erscheinen Lichtsäule und Horizontalkreis gleichzeitig. Man glaubt dann, am Himmel ein Kreuz leuchten zu sehen. Der Sage nach soll dem Kaiser Konstantin im Jahre 313 in der Gegend von Trier ein Kreuz am Himmel erschienen sein, das ihn so beeindruckt haben soll, daß er sich zum christlichen Glauben bekehren ließ. Inzwischen wissen wir, was für ein Kreuz das war.

Haloringe und Nebensonnen

Wenn der Himmel von einem hauchdünnen Wolkenschleier überzogen ist, sieht man darin oft einen farbigen

Die Krümmung der sehr flach in die Atmosphäre einfallenden Lichtstrahlen läßt die tiefstehende Sonne abgeplattet erscheinen.

Kreis mit der Sonne als Mittelpunkt, den »kleinen Haloring«. Meist sind jedoch leider nur einzelne Bogenstücke davon zu erkennen. (Vorsicht beim Beobachten, die Sonne mit der Hand abschatten!) Die Abbildung Seite 29 unten erklärt seine Entstehung. Fällt ein Sonnenstrahl auf einen Eiskristall, so wird er nach allen Seiten weggeknickt – und zwar exakt um 22 Grad – und gleichzeitig in seine Spektralfarben zerlegt. Denken wir uns nun einen Beobachter, der zur Sonne blickt (sein Auge ist in unserem Bild auf der linken Seite zu sehen), so fällt in dessen Auge außer dem direkten Sonnenlicht auch solches, das von den 22 Grad oberhalb und unterhalb der Sonne schwebenden Eiskristallen abgelenkt wurde. (In unserer Zeichnung sind diese Kristalle gelb unterlegt, die betreffenden Lichtstrahlen verstärkt gezeichnet). Das heißt, für den Betrachter scheint der Himmel an diesen beiden Stellen in den Spektralfarben aufzuleuchten. Nur dort? Keineswegs! Logischerweise sieht er auch 22 Grad rechts und links von der Sonne solche Leuchterscheinungen. Sogar an allen Punkten des Himmels, die vom Betrachter aus 22

Grad von der Sonne entfernt sind, treten diese Erscheinungen auf. Alle diese Punkte zusammen aber bilden einen Kreis mit einem Radius von 22 Grad um die Sonne, den Haloring. Oft ist er rechts und links von zwei prächtigen Farbflecken flankiert, die gelegentlich auch alleine auftreten können, die sogenannten »Nebensonnen«.

Es gibt noch eine ganze Reihe weiterer Lichterscheinungen, die an Eiskristallen entstehen. Man nennt sie ganz allgemein »Haloerscheinungen«. Die Abbildung zeigt, wo man die wichtigsten von ihnen am Himmel finden kann.

Spricht man über die farbigen Himmelsornamente, dann darf natürlich der Regenbogen nicht fehlen. Er entsteht auf eine recht ähnliche Weise wie der Haloring: Sonnenlicht dringt in die Regentropfen ein, wird dabei reflektiert, gebrochen und in die Spektralfarben zerlegt. Der Unterschied zum Haloring besteht lediglich darin, daß der Lichtstrahl so stark aus seiner ursprünglichen Richtung verdreht wird, daß der Regenbogen genau gegenüber der Sonne am Himmel steht und zwar um so höher, je näher die Sonne dem Horizont ist. Es kann auch ein zweiter, größerer Regenbogen auftreten. Er entsteht durch zweimalige Reflexion in den Regentropfen.

Sonnenauf- und Sonnenuntergang

Schließlich sei noch ein Phänomen vorgestellt, das sich bei Sonnenauf- und -untergang zeigt, wenn die Sonne nur knapp über dem Horizont steht: Die an sich kreisrunde Sonne nimmt dann eine oval-flache Form an. Dazu muß man wissen, daß Lichtstrahlen, wenn sie die Atmosphäre durchdringen, eine Krümmung erfahren. Je flacher sie einfallen, desto stärker werden sie gekrümmt. Bei der auf- und untergehenden Sonne werden deshalb die Strahlen vom unteren Rand der Scheibe, die einen längeren Weg durch die Atmosphäre zurückzulegen haben, stärker gekrümmt als die vom oberen Rand. Der untere Rand scheint dadurch angehoben und aus der Kreisscheibe wird ein Oval.

Natürlich gibt es noch viele andere prächtige Lichtphänomene, auf die wir hier leider nicht weiter eingehen können. Aber vielleicht veranlaßt Sie, verehrter Leser, auch schon dieser kleine Exkurs dazu, öfter mal zum Himmel zu blicken, um diese Naturschönheiten zu entdecken und zu genießen.

Wärmestrahlung

Das Wesen der Wärmestrahlung

Haben Sie das nicht auch schon beobachtet? Man geht am Abend durch den Garten, überall breitet sich schon die Kühle der anbrechenden Nacht aus, nur in den Hauswänden, in der Umfriedungsmauer oder im Gartenhäuschen steckt noch die Wärme des Tages drin. Man spürt sie förmlich, wenn man daran vorbeigeht. Kaum ist man ein paar Schritte weiter, umfängt einen wieder die abendliche Kühle.

Was hat es eigentlich mit dieser plötzlichen Wärmeempfindung auf sich? Nun, auch hier haben wir es mit Strahlung zu tun, die wir mit dem Auge nicht wahrnehmen können und die uns deshalb auch üblicherweise nicht bewußt wird. Lediglich durch einen Hauch von Wärme macht sie sich bemerkbar, wenn unsere Haut sie absorbiert. Man nennt sie daher gerne »Wärmestrahlung«. Vom Sonnenlicht unterscheidet sie sich nur durch die Wellenlängen, die etwa zwischen 3 μm und 60 μm liegen und damit etwa zehnmal so lang sind wie die des sichtbaren Lichtes (0,4 bis 0,8 μm). Was sind nun die Quellen dieser Strahlung? Unsere gesamte Umwelt sendet Wärmestrahlung aus. Alle Objekte, die uns umgeben, die Pflanzen, die Häuser, die Menschen und die Tiere, selbst der Erdboden, die Wolken und die Gase der Atmosphäre. Auch unser eigener Körper macht keine Ausnahme. Auch er stellt rundum eine einzige Strahlungsquelle dar. Und wo der Körper von Kleidung bedeckt ist, wird diese wiederum zur strahlenden Oberfläche.

Wenn aber unsere gesamte Umgebung Wärme ausstrahlt, warum fühlen wir dann doch einen Unterschied zwischen der Hausmauer und dem abendlichen Garten? Der Grund ist folgender: Je wärmer ein Objekt ist, desto mehr Wärmestrahlung gibt es ab. So strahlt eben die vom Tag her noch warme Hausmauer stärker als der schon taukühle Rasen und die frische Abendluft.

Wie die nebenstehende Abbildung zeigt, haben sich die dunklen Pflanzenreste (im Gegensatz zum hellen Schnee) in der Sonne erwärmt und senden deshalb kräftig Wärmestrahlung aus, die den umgebenden Schnee zum Schmelzen gebracht hat. Gerade Schnee absorbiert nämlich die Wärmestrahlung sehr begierig. Er würde, könnten wir ihn im Spektralbereich der Wärmestrahlung sehen, kohlrabenschwarz aussehen. Was für ein ungewohntes Bild!

Wärmestrahlung und Nachttemperatur

Noch eine wichtige Gesetzmäßigkeit muß in diesem Zusammenhang genannt werden: Die Luft sendet etwa 30 Prozent weniger Wärmestrahlung aus als eine feste Fläche oder eine Wasseroberfläche gleicher Temperatur. Das hat eine eminent wichtige Konsequenz. Angenommen, bei Sonnenuntergang wären Boden und Luft genau gleich warm. Dann empfängt der Boden, nach dem eben Gesagten, vom Himmel 30 Prozent weniger Wärmestrahlung, als er selber zum Himmel hin aus-

Die von den Pflanzenresten ausgesandte Wärmestrahlung hat den Schnee in der unmittelbaren Umgebung geschmolzen.

strahlt. Der Boden gibt also mehr Wärme ab, als er einnimmt. Das zehrt natürlich an seinem Wärmevorrat und in der Folge wird er im Lauf der Nacht immer kälter und kälter. Die auf dem Boden aufliegende Luft kühlt sich dabei natürlich mit ab. Wir haben damit ganz zwanglos eine Erklärung für die nächtliche Abkühlung von Boden und Luft gefunden.

Eine kleine Denksportaufgabe gefällig? Sie wissen sicher aus eigener Erfahrung, daß es in bewölkten und nebligen Nächten nicht so kühl wird wie in sternenklaren Nächten. Warum eigentlich? – Weil eben die flüssigen Wolken- und Nebeltröpfchen mehr Wärmestrahlung zur Erde senden als die wolkenlose Luft.

Aus diesem Unterschied zwischen der Strahlungsleistung der Luft und der Erdoberfläche lassen sich wichtige Konsequenzen für unseren Hobbygarten ableiten. Zum Beispiel nimmt die Frostgefahr erheblich zu, wenn sich am Abend die Wolken auflösen (siehe Seite 90), oder die Tag-Nacht-Schwankung der Temperatur ist bei wolkenlosem Wetter besonders groß, was im Spätwinter für die Rinde der Bäume gefährlich werden kann (siehe Seite 81). Schließlich wird eine schwülwarme sommerliche Hitzewelle vollends unerträglich, wenn eine Dunst- oder Wolkenschicht die erwünschte nächtliche Abkühlung verhindert.

Eine ganze Reihe anderer Phänomene lassen sich ebenfalls auf das unterschiedliche Strahlungsverhalten von Erde und Luft zurückführen. Wenn wir unsere Pflanzen in einer Spätfrostnacht zum Schutz vor Kälte abdecken, geben wir ihnen sozusagen einen künstlichen Himmel, der mehr Wärmestrahlung aussendet als der natürliche. Auch in Lauben lassen sich aus diesem (und anderen) Gründen halbe Nächte verbringen. Und daß man in den beliebten bayerischen Biergärten bis in die Nacht hinein so gemütlich zusammensitzen kann, beruht auf der reichlichen Wärmestrahlung der mächtigen Kastanienbäume, die den Strahlungsverlust des eigenen Körpers ausgleicht. In der Abbildung ist das Klima unter einem dichten Baum im wahrsten Sinne des Wortes »sichtbar« geworden. Hinter uns liegt die erste Frostnacht des bevorstehenden Winters. Überall auf der Wiese hat sich Reif gebildet, der das Gras weiß überzieht, nicht jedoch unter dem Baum. Die kräftige Wärmestrahlung des Laubes und der Äste hat ein Absinken der Temperatur unter die Null-Grad-Grenze verhindert.

Wegen der Wärmestrahlung der Blätter bildet sich unter dem Baum kein Reif.

Einfluß der Umgebung auf die Wärmestrahlung. Angaben in Prozent

	Höhenwinkel der Umgebung in Grad					
	10	20	30	45	60	90
Mulde	2	8	21	45	72	100
Hang	1	5	10	20	33	50
Wand, Waldrand, Mauer	1	2	5	12	23	40
Straße an der Hauswand	14	26	38	55	70	100

Wärmestrahlung im Gelände

Hügel, Waldränder, Mauern, Häuser, Zäune, Hecken, alles, was über den Horizont hinausragt, ersetzt einen Teil des schwach-strahlenden Himmels durch stärker strahlende Oberflächen und trägt so zu einer Erhöhung der Wärme-Zustrahlung bei. So erklärt sich zum Beispiel, warum es nachts in den Straßen großer Städte um bis zu 10 °C wärmer bleibt als im Umland. Die Karl May-Leser unter Ihnen wissen, daß die Beduinen gerne in Felsspalten Schutz vor der Kälte der Nacht suchen.

Je größer der Teil des Himmels ist, der von einer festen Oberfläche verdeckt wird, desto stärker ist die Wärmestrahlung. Nahe an einer Wand werden wir daher eine größere Wirkung zu erwarten haben als weit von ihr weg. Unsere Tabelle enthält Richtwerte über die Reichweite verschiedener Geländeformen und Mauern, wobei deren Höhe jeweils als Winkel angegeben ist. 0 Prozent entsprechen der Zustrahlung des offenen, 100 Prozent der des völlig verdeckten Himmels.

Auf der Abbildung sehen wir am geschmolzenen Schnee, wie sich der Einfluß der Wärmestrahlung mit zunehmender Entfernung von der Wand allmählich verliert.

Spalierwand, Loggia, Terrasse

Kommen wir wieder zur Spalierwand (siehe Seite 27) zurück. Den wohl wesentlichsten Beitrag zum Spalierwandklima leistet nämlich die Wärmestrahlung. Auch das angenehme Abendklima auf der Hausbank, der Terrasse oder in der Loggia geht größtenteils auf Wärmestrahlung zurück. Es wird am Tag und bleibt am Abend dort um so milder, je größer, je näher und je wärmer die umgebenden Wand-, Decken- und letzten Endes auch Bodenflächen sind.

Die Wärme braucht aber nicht immer angenehm zu sein. An heißen Sommernachmittagen kann es dort sogar unerträglich warm werden. Nun darf man nicht auf den Irrtum verfallen, zu glauben, ein heller Wandanstrich könne das (wegen der starken Reflexion) verhindern. Dann bleibt die Wand zwar etwas kühler – und damit auch die Wärmestrahlung geringer –, aber auch die reflektierte Sonnenstrahlung erhitzt wieder unseren Körper. Hier hilft also nur Abschatten oder die Wärme anderweitig abführen. Zum Abschatten von Wänden eignen sich luftdurchlässige, hell gestrichene Jalousien sehr gut. Und noch etwas ist wichtig: Sobald kein Sonnenlicht mehr auf die Jalousie fällt, sollte man sie sofort hochziehen, damit an ihre Stelle wieder der weniger stark strahlende Himmel treten kann. Darüber hinaus lassen sich mit wärmezehrender Verdunstung (siehe Seite 68) erstaunliche Ergebnisse erzielen. Ein Springbrunnen, ein kleiner Teich oder Kletterpflanzen ersetzten Teile des Pflasterbodens beziehungsweise der heißen Wände und Decken durch kühlere und damit weniger strahlende Oberflächen.

Schließlich sei noch auf eine wichtige Tatsache verwiesen: Die Pflanzen geben nachts, wie wir wissen, mehr Wärmestrahlung ab, als sie vom Himmel zugestrahlt bekommen. Die Folge ist, daß sie kälter werden als die Luft. Der Effekt kann mehrere Grad ausmachen. In einer Frostnacht ist das sehr wohl zu beachten. Die Pflanzentemperaturen können dann nämlich schon unter Null gesunken sein, während das Thermometer noch Lufttemperaturen über dem Gefrierpunkt zeigt (siehe Seite 90).

Unten: Am geschmolzenen Schnee kann man erkennen, wie sich die Wärmestrahlung der Wand allmählich verliert.

Wasser aus der Luft

Sobald nachts die Blätter abkühlen, bildet sich darauf Tau.

Luftfeuchtigkeit

Regen, Schnee und Hagel, aber auch Wolken und Nebel sind offensichtliche Zeichen dafür, daß in der Luft Wasser vorhanden ist. Wenn man aber an einem strahlenden Spätsommertag in den tiefblauen, wolkenlosen Himmel blickt, fällt es einem nicht unbedingt leicht, sich vorzustellen, daß auch in dieser kristallklaren Luft Wasser enthalten sein soll. Und doch ist die Luft nie ganz trocken. Ein kleines Experiment kann das schnell beweisen: Gießen Sie doch einmal eine Flasche Bier – frisch aus dem Kühlschrank – in ein Glas. Schon nach kurzer Zeit können Sie beobachten, wie das Glas rundum beschlägt. (In einem geheizten Raum kann der Versuch allerdings mißlingen.) Dieses Wasser kommt aus der Luft, die folglich Wasser enthält. Man hat davon keine Spur »gesehen«, weil das Wasser im dampfförmigen Zustand war. Im Gegensatz zum allgemeinen Sprachgebrauch bezeichnet man in der Meteorologie nicht das als Wasserdampf, was den Einblick in eine Waschküche verwehrt oder was aus einem Dampfkessel herauszischt. Wasserdampf ist vielmehr »gasförmiges Wasser«, ein völlig durchsichtiger, farb- und geruchloser Bestandteil der Luft.

Bei unserem Bier-Experiment ist es uns gelungen, einen Teil des Wasserdampfes aus der Luft herauszuholen, man sagt zu »kondensieren«. Warum eigentlich? Der Grund ist folgender: Die Luft kann immer nur eine bestimmte Höchstmenge an Wasserdampf aufnehmen, die man »Sättigungsfeuchte« nennt. Wie groß diese ist, das hängt von der Temperatur ab. Bei 0 °C liegt sie bei etwa 4 g/m^3, bei 5 °C um die 5, bei 10 °C bereits bei 9, bei 20 °C etwas über 17 und bei 30 °C ziemlich genau bei 30 g/m^3. Freilich kann die Luft auch weniger als die Höchstmenge enthalten, aber niemals mehr. Damit können wir jetzt leicht nachvollziehen, was an unserem Bierglas passiert ist. Nehmen wir einmal an, die Luft sei 20 °C warm gewesen und habe je m^3 9 g Wasserdampf enthalten. Beim Berühren des kalten Glases kühlt sie sich aber ab. Bis 10 °C geht alles gut, denn bei 10 °C kann die Luft schließlich gerade noch 9 g Wasser je m^3 festhalten. Aber unser Bier, frisch aus dem Kühlschrank, war nur 5 °C warm und auf diesen Wert kühlt sich auch die am Glas vorbeistreichende Luft ab. Dann kann sie aber nur noch 5 g Wasserdampf je m^3 mit sich führen, die restlichen 4 g je m^3 muß sie ausscheiden – und die finden wir auf dem Bierglas wieder.

Das gleiche passiert, wenn ein Wasserrohr schwitzt, die Brille oder eine Fensterscheibe anläuft, oder der Pumpbrunnen im Garten beschlägt, sobald er sich mit dem kalten, aus der Tiefe herausgeholten Grundwasser füllt. Und sobald sich nachts die Pflanzen und der Boden abkühlen, bildet sich darauf der Tau. Wenn Dichter poetisch vom »Taufall« sprechen, dann irren diese Herren. Tau fällt nicht vom Himmel wie Regen oder Schnee, Tau entsteht auf den kühlen Oberflächen, genauso wie auf unserem Bierglas. Unter schwer durchschaubaren und noch schwerer vorhersagbaren Bedingungen setzt die Wasserdampf-Kondensation

schon in der Luft ein. Dann spricht man vom Nebel.

Nebel und Tau sind also die Folge der nächtlichen Abkühlung. Je schneller es in der Nacht kalt wird und je tiefer die Temperatur sinkt, desto mehr Tau bildet sich und desto öfter gibt es Nebel. Wenn Sie gerade im Begriff sein sollten, ein Grundstück für einen Garten zu suchen, dann achten Sie sorgfältig auf das Auftreten von Tau und Nebel! Geländelagen mit viel Tau und häufigem Nebel sind kalte Standorte und damit natürlich besonders frostgefährdete Lagen.

Die Temperatur, bei der sich gerade Tau zu bilden beginnt, nennen die Meteorologen sinnigerweise »Taupunktstemperatur« oder einfach kurz »Taupunkt«. Für den Hobbygärtner bedeutet der Taupunkt eine wertvolle Orientierungshilfe zum Abschätzen der zu erwartenden Nachttemperatur. Üblicherweise sinkt nämlich die Lufttemperatur in der folgenden Nacht bis auf etwa den Wert, den der Taupunkt am Spätnachmittag hatte. Besonders hilfreich ist diese Regel, wenn Nachtfrost droht. Liegt der Taupunkt mehrere Grad über Null, so braucht man

Taupunkt in °C in Abhängigkeit von der Lufttemperatur und der relativen Feuchte

relative Feuchte in Prozent	Lufttemperatur in °C										
	0	1	2	3	4	5	6	7	8	9	10
35	.	.	.	.	.	.	.	.	–6	–6	–5
40	.	.	.	.	.	.	.	–6	–5	–4	–3
45	.	.	.	.	.	.	–5	–4	–3	–2	–1
50	.	.	.	.	–5	–5	–4	–3	–2	–1	0
55	.	.	.	–5	–4	–3	–2	–1	0	1	2
60	.	–6	–5	–4	–3	–2	–1	0	1	2	3
65	–6	–5	–4	–3	–2	–1	0	1	2	3	4
70	–5	–4	–3	–2	–1	0	1	2	3	4	5
75	–4	–3	–2	–1	0	1	2	3	4	5	6
80	–3	–2	–1	0	1	2	3	4	5	6	7
85	–2	–1	0	1	2	3	4	5	6	7	8
90	–1	0	1	2	3	4	5	6	7	8	9
95	–1	0	1	2	3	4	5	6	7	8	9
100	0	1	2	3	4	5	6	7	8	9	10

kaum Frost zu fürchten. Bei einem Taupunkt um oder gar unter dem Gefrierpunkt muß man dagegen ziemlich sicher mit Frost rechnen. (Diese Regel gilt natürlich nicht mehr, wenn sich am Abend das Wetter ändert; sie verliert auch sehr schnell an Treffsicherheit, wenn aus der Umgebung Kaltluft zufließen kann. Genaueres dazu ab Seite 87f.)

Aber dazu müßte man den Taupunkt erst einmal kennen. Natürlich könnte man ihn messen, aber dazu benötigt man Meßgeräte, die für den Hausgebrauch viel zu kompliziert und zu teuer sind. Wir wollen lieber einen kleinen Umweg einschlagen und ihn über die sehr leicht und billig zu messende »relative Feuchte« bestimmen.

Wie man die relative Feuchte messen kann, steht auf Seite 111. Außerdem brauchen wir dazu noch die Lufttemperatur (siehe Seite 109f.). Mit beiden zusammen können wir aus der Tabelle den Taupunkt ablesen. Schauen wir uns die Tabelle etwas genauer an, so sehen wir, daß selbst bei einer Nachmittags-Temperatur von 10 °C noch Nachtfrostgefahr besteht, sobald nur die Luft trocken genug ist (relative Feuchte unter 60 Prozent). Andererseits brauchen wir kaum Frost zu befürchten, wenn bei einer Temperatur von nur 3 °C die relative Feuchte 100 Prozent beträgt.

Eiskristalle bilden sich bevorzugt dort, wo schon geeignete Strukturen vorhanden sind, wie hier an den Drähten einer Autoscheiben-Heizung.

Regen

Die Wassertröpfchen in den Wolken haben Durchmesser um 1/100 mm, ein Regentropfen dagegen mißt 3 bis 4 mm. Das bedeutet, daß man zur Bildung eines Regentropfens etwa 1 Million Wolkentröpfchen benötigt. Nun könnte man annehmen, die Wolkentröpfchen würden sich einfach irgendwie zu einem Regentropfen zusammenlagern. Es läßt sich aber leicht nachweisen, daß dabei bestenfalls kleine Nieselregen-Tröpfchen entstehen. Einen Regentropfen kann dieser Prozeß nicht zustandebringen. Um zu sehen, wie die Regenbildung verläuft, machen wir einen kleinen Abstecher in die Wolkenphysik und denken uns eine wasserdampfhaltige Luftblase hochsteigen. Da es in der Höhe immer kälter wird, kühlt sich auch unsere Luftblase ab. Sinkt ihre Temperatur unter den Taupunkt (siehe Seite 38), beginnen sich Wolken zu bilden und sobald sie in den Minus-Bereich kommt, gefrieren die Wolkentröpfchen zu Eiskristallen – zumindest würde man das erwarten. Aber so leicht machen es uns die Wolkentröpfchen nicht. Damit in der Luft ein Eiskristall entstehen kann, muß vorher eine Art Urkristall vorhanden sein – eine Basis, auf der das Kristallgefüge aufgebaut werden kann. Man kann sich das so ähnlich vorstellen wie beim Spielen mit Lego-Steinen. Auch dort braucht man eine Grundplatte, auf der man mit den Steinen ein Haus errichten kann. Schauen Sie sich doch einmal an einem kalten Wintermorgen die Scheiben eines Autos an, das die Nacht über im Freien gestanden war. Wo findet man darauf die schönsten Eiskristalle? An Kratzern, an Verunreinigungen vor allem aber an den Drähten der Scheibenheizung, kurz überall dort, wo schon geeignete Strukturen vorhanden sind. In der Luft

bieten winzige Salzkriställchen einem Eiskristall die notwendige Basis an. Sie stammen vornehmlich aus der Gischt des Meerwassers. In den wasserreichen Regenwolken reicht allerdings die Zahl der Basis-Kristalle nicht aus, das gesamte anfallende Wasser in Eiskristalle überzuführen. Als Folge davon geht ein Teil der Tröpfchen »leer aus«. Für sie besteht einfach keine Möglichkeit zum Gefrieren und so müssen sie – obwohl sie kälter als 0 °C sind – im flüssigen Zustand verharren. Man bezeichnet sie als »unterkühlte Tröpfchen«.

Wir haben es also in einer Wolke mit der durchaus ungewohnten Situation zu tun, daß Eiskristalle und flüssige Wassertröpfchen bei Temperaturen bis weit unter 0 °C nebeneinander vorkommen. Allerdings verläuft dieses Nebeneinander keineswegs friedlich. Aufgrund physikalischer Gesetze wachsen nämlich die Kristalle auf Kosten der Tröpfchen. Wie das im einzelnen vor sich geht, braucht uns nicht zu interessieren. Wir können uns aber eine Vorstellung von dem Vorgang machen, wenn wir eine mit Eisblumen übersäte Fensterscheibe leicht anhauchen, so daß sie beschlägt. Nach kurzer Zeit ist die Scheibe im Bereich der Eisblumen wieder völlig klar: Das Eis hat die Tröpfchen in seiner unmittelbaren Umgebung buchstäblich aufgefressen. Dieser Prozeß führt in den Wolken zu einem rasanten Wachsen der Eiskristalle, die dabei schwerer und schwerer werden und infolgedessen beginnen herunterzufallen. Unterhalb des Null-Grad-Niveaus schmelzen sie und platschen als Regentropfen auf den Boden.

Wie wirksam dieser Prozeß sein kann, zeigen die Regenrekorde, die auf der Erde gemessen wurden. So hat es in Prien am Chiemsee am 9. Juli 1954 im Lauf eines Tages 260 l je m^2 geregnet, in Füssen im Allgäu sind am 25. Mai 1920 innerhalb von 8 Minuten 324 Liter Re-

Eiskristalle saugen die Wassertröpfchen in ihrer Umgebung auf, das Fensterglas wird dadurch klar.

genwasser auf jeden m^2 herabgestürzt. Den *Jahres*regenrekord hält der Ort Cherrapunji in Ostindien, wo unter der Wirkung des Monsun schon 24300 l je m^2 gefallen sind. Wäre das Wasser nicht abgeflossen und nicht verdunstet, dann wäre ein See mit über 24 m Tiefe entstanden. Dieses Bild von einem Regensee hat sich übrigens als so praktisch erwiesen, daß man es allgemein zur Angabe des gefallenen Regens benützt und einfach von »Millimetern Niederschlagshöhe« oder nur kurz von »mm« spricht. 1 l Regenwasser je m^2 entspricht genau 1 mm.

Gegenüber Ostindien sieht es bei uns schon viel bescheidener aus. In Mitteleuropa fallen jährlich im Mittel nur etwas mehr als 800 mm. Bei uns gibt es Niederschläge überwiegend bei Wind aus Westen bis Nordwesten. Die regenträchtigen Wolken stoßen also aus dieser Richtung gegen die Barriere der Mittelgebirge und die Alpen. Um sie zu überwinden, muß das Gewölk an den Berghängen aufsteigen, und was dabei passiert wissen wir ja schon: Abkühlung, Kondensation, verstärkte Regenbildung. Hinter den Gebirgen gleitet die Luft dann wieder ins Tal hinab. Dabei erwärmt sie sich und die Regenspende läßt nach. Wir finden daher auf der West- und Nordwestseite der Gebirge immer erhöhte und auf der Süd- und Südostseite immer verringerte Niederschlagsmengen.

Was für die Gebirge und Mittelgebirge im großen Stil gilt, hat auch für jeden einzelnen Hügel seine Richtigkeit. West- und Nordwesthänge bekommen stets mehr Niederschlag als Ost- und Südosthänge. Eine Untersuchung am allseits etwa 20 Grad geneigten Hohenpeißenberg, im Alpenvorland nördlich von Garmisch gelegen, hat ergeben, daß bei Windstärke 2 (etwa 10 km/h) auf den windzugewandten (Luv-)Hang 12 Prozent mehr und auf den windabgewandten (Lee-) Hang 10 Prozent weniger Regen fallen als auf die Ebene. Bei Windstärke 3 (etwa 15 km/h) sind es am Luvhang sogar 15 Prozent mehr.

Das Niederschlagswasser bedeutet den Lebensquell für die gesamte Natur. So ist das wohl auch gemeint, wenn es im »Lied von der Glocke« heißt:

»Aus der Wolke
quillt der Segen
strömt der Regen, ... «

Doch beim genaueren Hinsehen zeigt sich, daß da Herr von Schiller nur bedingt recht hat. Regen kann nämlich auch schwere Schäden anrichten, und zwar immer, wenn er im Übermaß auftritt.

Erosion

Schwere Wolkenbrüche, aber auch langanhaltende Landregen führen, besonders an geneigten Flächen, oft zu teilweise katastrophalen Bodenabtragungen, »Erosion« genannt. Wenn Ihr Garten an einem Hang oder in stark hügeligem Gelände liegt, sollten Sie sich zu diesem durchaus ernst zu nehmenden Problem und seiner Bekämpfung einige Gedanken machen. Die Erosion gefährdet nämlich gerade die oberste, wertvollste Bodenschicht, die Krume, am allermeisten. Schwindet aber die Krume infolge der Abtragung,

Mit Brettern eingefaßte Beete sind gut vor Erosion geschützt.

so verarmt der Boden an Humus und Nährstoffen. Außerdem verringert sich die Fähigkeit des Bodens, Wasser für trockene Tage zu speichern (siehe Seite 57f.). Wie mühevoll es ist, humusreiche Gartenerde aufzubauen, braucht nicht eigens hervorgehoben zu werden. Schließlich können durch Erosion Wurzeln bloßgelegt oder ganze Pflanzen verschüttet werden.

Wie kommt es eigentlich zu Erosion? Schlagen schwere Regentropfen auf (unbewachsenen) Boden, so zertrümmern sie die Bodenkrümel und schleudern sie in alle Richtungen auseinander. Peter Goebel (1984) schreibt, daß die winzigen Bruchstücke bis zu 2 m weit fliegen können. Ist der Boden nicht oder nicht mehr in der Lage, das ankommende Regenwasser aufzunehmen, so beginnt es – besonders auf geneigten Flächen – in Form kleiner, sich rasch vergrößernder Rinnsale abzufließen. Dabei werden die freigesetzten Bodenpartikel aufgeschwemmt und mitgerissen mit der Folge zunehmender Bodenabtragung. Mit Erosion muß man schon an recht schwach geneigten Hängen rechnen. Ab 10 °C wächst die Gefahr dann schnell an. Hänge mit Rinnen oder Mulden sind noch anfälliger als glatte Flächen.

Natürlich ist nicht jeder Boden gleich stark von Erosion bedroht. Ein gut krümeliger, humusreicher Gartenboden erweist sich als erheblich widerstandsfähiger als ein armer Mineralboden. Je größer der Anteil an mittelgroßen Bodenteilchen ist, man nennt sie Schluff und Feinstsande, desto stärker steigt die Gefahr einer Abschwemmung. So wird von einem Beet mit 80 Prozent Schluff und 20 Prozent Sandanteil glatt viermal soviel Bodensubstanz abgetragen wie von einem mit umgekehrtem Verhältnis, also 20 Prozent Schluff und 80 Prozent Sand.

Wieviel von dem besonders gefährdeten Material ein Boden enthält, kann man mit den Fingern ertasten. Dazu geht man folgendermaßen vor: Man nimmt eine Hand voll Bodensubstanz, sortiert die Steine heraus und feuchtet sie mit soviel Wasser an, daß eine lokkere, aber noch nicht breiige Masse entsteht. Von der so vorbereiteten Bodenprobe reibt man nun ein etwa haselnußgroßes Stück zwischen Daumen und Zeigefinger (so wie wenn man über Geld redet). Fühlt sie sich dabei mehlig zerbröckelnd an, kann man sie nur schlecht formen, verschmiert sie die Finger nicht und hat sie eine rauhe Gleitfläche, so enthält sie viel Schluff und Feinstsand. Dieser Boden ist sehr gefährdet. – Spürt man dagegen beim Reiben noch feine Körnchen oder erkennt man sie gar mit dem Auge und läßt sich die Probe überhaupt nicht formen, so enthält sie viel Sand. Dieser Boden ist weniger erosionsgefährdet. Auch tonreiche Böden sind widerstandsfähiger. Zu erkennen sind sie an den glatten, glänzenden Gleitflächen. Man kann sie sehr gut formen und bekommt dabei recht schmutzige Finger.

Eine bedeutende Rolle spielt auch der Feuchtezustand des Bodens. Ein ausgetrockneter und ein sehr nasser Boden ist gefährdeter als ein mittelmäßig feuchter. Der ausgetrocknete deshalb, weil er bei plötzlich einsetzendem Regen das Wasser nur schwer aufnehmen kann. Sie können das an einem

trockenen Blumentopf leicht ausprobieren. Beim nassen Boden andererseits ist die Fähigkeit, Wasser aufzunehmen – besonders in den oberen Schichten – bald erschöpft. Das führt dann dazu, daß die Bodenporen zugeschwemmt werden, und das Regenwasser gezwungen wird, seitlich abzufließen.

Nicht zu unterschätzen ist die Erosion während der Schneeschmelze. Gerade zu dieser Zeit kann der Boden nur noch wenig Wasser aufnehmen. Außerdem ist die Bodenoberfläche durch den Frost in viele feine, leicht abzuschwemmende Teilchen aufgelockert (siehe Frostgare Seite 84). Meist ist dann auch kein schützender Pflanzenbewuchs vorhanden (siehe unten).

Erosion ist immer und überall vorhanden. Sie gehört zu den Urkräften der Natur und hat das Gesicht unserer Landschaft wesentlich mitgeprägt. Sie trägt im Lauf der Zeit von den Hängen Erde in die Täler hinunter und bewirkt dadurch einerseits, daß am Hang der Boden steiniger ist und seine Qualität abnimmt, andererseits, daß sich in den Mulden die besten Böden ansammeln. Gegen diese »Langzeiterosion« läßt sich kaum etwas machen. Der offensichtlichen, bodenschädigenden Abtragung braucht und darf man jedoch nicht tatenlos zusehen.

Wie man ihr begegnen kann, ergibt sich fast zwangsläufig. Den besten Erosionsschutz bietet ein durchgehend bewachsener Boden. Einerseits dämpfen die Pflanzenblätter die Wucht des Regenwassers, andererseits halten die Wurzeln die Bodenkrümel zusammen. Also gilt: Der Boden muß solange wie irgendwie möglich bepflanzt bleiben! Eine im Herbst eingesäte Gründüngung schützt vor den Angriffen des Schmelzwassers besonders gegen Ende des Winters. Gründüngung ist aber auch noch aus anderen Gründen drin-

Glatteisregen kann an den Pflanzen mächtige Eispanzer bilden.

gend zu empfehlen: Sie baut nach dem Schneiden (oder Abfrieren) und Einarbeiten in die Krume eine erhebliche Reserve an organischer Substanz und damit Bodenfruchtbarkeits-Reserve auf. Ihre oberirdische Blatt- und Stengelmasse kann je nach Aussaattermin 3 bis 5 kg pro m^2 erreichen. Die Wurzeln durchsetzen den Boden bis in 2 m Tiefe mit organischem Material und hinterlassen nach dem Verrotten ein weit verzweigtes Labyrinth von feinsten Kanälchen, die eine wesentlich verbesserte Bodendurchlüftung gewährleisten.

Der Handel bietet mehrere gut geeignete Gründüngungs-Mischungen an. Der bekannte Hobbygarten-Spezialist Ernst Niller aus Weihenstephan berichtet über besonders gute Erfahrungen mit der »Sperli-Bodenkur« (Niller 1980). Vorsicht ist jedoch geboten bei Gründüngungspflanzen, die der Familie der Kreuzblütler angehören wie zum Beispiel Winterraps, Rübsen, Senf oder Ölrettich. Sie begünstigen die Übertragung von Pflanzenkrankheiten, insbesondere aber fördern sie die Ausbreitung der gefürchteten Kohlkrankheit Kohlhernie.

Das Geäst hält der Eislast oft nicht stand und bricht.

Bei allen Pflanzenbeständen, die selbst den Boden nicht abdecken, hilft eine Mulchschicht aus Stroh, Kompost, Torf, Rindenmulch oder dem Gras, das Sie vom Rasen schneiden. Mit einer Mulchschicht aus Stroh konnte man in Versuchen die Bodenabtragung um 99,5 Prozent verringern. Mulch hält den Boden feucht und stabilisiert somit seine Struktur, außerdem bricht er – genauso wie lebende Pflanzen – die Zerstörungskraft der Regentropfen. Eine weitere wirksame Maßnahme ist es, den organischen Anteil des Bodens zu erhöhen. Dazu arbeitet man regelmäßig Kompost, Stallmist oder angerottete Mulchauflagen in den Boden ein. Hält man den Boden ausreichend feucht, so bleibt er auch stets in einem stabilen Zustand.

Sehr wichtig ist es außerdem, die Beete quer zum Hang anzulegen, so hat das Wasser keine langen Schwemmwege. Wer ein übriges tun will, kann in die Wege zwischen den Beeten Gras einsäen. Es verhindert, daß abgewaschenes Krumenmaterial weitergeschwemmt wird. An steileren Hängen empfiehlt es sich, die Beete seitlich mit senkrechten Brettern ein-

Verschiedene Schneekristall-Formen.

zufassen, die man um einige Zentimeter überstehen läßt. Sie wirken gegen das Erosionswasser wie kleine Staumauern. Übrigens erweisen sich solche Bretter auch im ebenen Gelände als ein hervorragender Schutz gegen das Ablaufen von Gießwasser. An Hängen schließlich, bei denen sonst gar nichts mehr hilft, bleibt noch die Möglichkeit, abgemauerte Hangterrassen anzulegen.

Auf eine gefährliche Folge von Erosion sei zum Schluß noch hingewiesen: Wird Erdreich abgeschwemmt, auf das kurz vorher bodenwirksame Unkrautvernichtungsmittel gespritzt oder gegossen wurden, so kann das Herbizid an der Stelle, wo es angeschwemmt wird, unter den Kulturpflanzen schwere Schäden anrichten.

Glatteisregen

Ein Regentropfen durchläuft auf seinem Entstehungsweg, so haben wir im Abschnitt »Regen« erfahren, die Phase des »unterkühlten Wassers«. Bei bestimmten meteorologischen Situationen, die meist im Früh- und im Spätwinter auftreten, fällt Niederschlag, der aus solchen unterkühlten Tropfen besteht. Treffen diese auf Hausdächer, Straßen, Autos, Stromleitungen oder aber auch auf Pflanzen, so finden sie an deren Oberflächen genügend Strukturen zur Eisbildung vor, und in kürzester Zeit entstehen mächtige Eispanzer. Der Meteorologe spricht dann von »Glatteisregen«. Auch normaler Regen, der auf Oberflächen mit Temperaturen unter 0 °C fällt, kann darauf festfrieren und dicke Eisüberzüge entstehen lassen.

Bäume, die einem solchen Ereignis ausgesetzt waren, haben beinahe unglaubliche Lasten zu tragen. So hat man gemessen, daß nach schweren Glatteisregen Tannenzweige mit dem 30fachen, Buchen mit dem 80fachen und Kiefern gar mit dem 100fachen des eigenen Gewichtes belastet waren. Ist gleichzeitig die Temperatur so tief, daß die Bäume gefroren sind, dann besitzt das Geäst kaum Elastizität und es kommt zu schweren Bruchschäden. Da der Glatteisregen spontan zu einer glasharten Eismasse erstarrt, kann man die Pflanzen kaum schützen. Zwar könnte man daran denken, gefährdete Äste abzustützen, dazu reicht meist die Zeit nicht aus. Dazu kommt, daß es nicht angenehm ist, während eines Glatteisregens im Freien zu arbeiten.

Schnee

Sind die Temperaturen innerhalb der ganzen Wolke tief genug, so kommt es zu Schneefall. Die Entstehung eines Schneekristalls beginnt im Prinzip genauso wie die eines Regentropfens, nämlich durch Gefrieren von unterkühltem Wasser zu einem Eiskristall. Bei geeigneten Temperaturen (–12 bis –16 °C) beginnen dem Eiskristall sechs regelmäßig angeordnete Äste zu wachsen, die sich ihrerseits in vielfältigster Weise verzweigen – und schon ist ein Schneestern entstanden. Schneesterne besitzen einen unvorstellbaren Reichtum am Formen und Gestalten. Es lohnt sich durchaus, sich im Winter einmal die Muße zu nehmen, ihre Schönheit und Vielfalt durch eine Lupe zu betrachten. Üblicherweise treten aber Schneesterne nicht einzeln auf, sondern sind mit unterkühlten Wassertröpfchen zu »Schneeflocken« zusammengeklebt.

Leider stellt der Schnee für unseren Garten nicht nur eine wärmeisolierende Schutzhaut dar (siehe Seite 81). Er kann den Pflanzen auch recht gefährlich werden. So kann es zu Schneebruch kommen, wenn große Mengen nassen Schnees die Tragfähigkeit von Ästen und Zweigen überbeanspruchen. In weniger krassen Fällen bleiben Deformationen zurück. Da Naßschnee im Gegensatz zu Glatteis nicht sofort anfriert kann man ihn – zumindest von kleineren Bäumen – leicht abschütteln.

Hagel

Wenn eine Wolke im Vergleich zu den vorhandenen Eiskristallen sehr viel unterkühltes Wasser enthält, können die Eiskristalle beinahe explosionsartig wachsen. Dann reicht auch die Zeit nicht mehr aus, ein geordnetes Kristallgefüge aufzubauen. Es entstehen nur noch kugelige Eisklümpchen, die rasch größer und größer werden. Dazu kommt noch, daß in solchen Wolken enorme Aufwinde herrschen: 70 bis 100 km/h sind keine Seltenheit. Sie ergreifen die bereits herunterstürzenden Klümpchen und tragen sie wieder in die Höhe, währenddessen der Wachstumsprozeß weiterhin abläuft. Dieser Vorgang kann sich mehrere Male wiederholen, so daß schließlich Eisbrokken mit Durchmessern bis über 10 cm entstehen. Fällt nun ein solches Gebilde aus der Wolke heraus, hat es keine Chance mehr, unterhalb des Null-Grad-Niveaus wieder restlos zu schmelzen und stürzt als mehr oder weniger große Eiskugel auf die Erdoberfläche. Man spricht dann von Hagel. Bei besonders schweren Hagelschlägen haben die Schloßen schon öfter die Größe von Hühnereiern erreicht. Das schwerste Hagelkorn, das je gefunden wurde, wog fast 2 kg.

Hagel fällt mit außerordentlich hohen Geschwindigkeiten vom Himmel. Man hat ausgerechnet, daß 3 cm große Schloßen mit 90 km/h, 5 cm große mit 120 km/h auf dem Boden aufschlagen. Welche Zerstörungsgewalt sie dabei entwickeln, liegt auf der Hand. Man kann immer wieder Berichte lesen, wonach Dächer von Hagelschloßen

Vom gleichen Standort aus aufgenommen: unmittelbar nach dem Hagelschlag...

glatt durchschlagen wurden. Auch tiefe Beulen in Autos und geborstene Fensterscheiben gehören zu den Folgen schwerer Hagelschläge. Besonders große Eisbrocken können sogar Menschen und Tiere erschlagen. Das berüchtigte Münchener Hagelunwetter vom 12. Juli 1984 hat einen Gesamtschaden von etwa 3 Mrd. DM verursacht, davon allein in Gärtnereien 10 Mio.

Kein Wunder, daß der Hobbygärtner mit rechtem Unbehagen auf Gewitterwolken schaut, insbesondere dann, wenn gelbgraue Stellen aus der grauschwarzen Masse schimmern. Das sind nämlich ziemlich sichere Anzeichen für Hagel. Zum Glück sind Hagelschläge meist recht eng begrenzte Phänomene, so daß üblicherweise auch nur kleine Areale getroffen werden. Aber wo sie sich austoben, hinterlassen sie im Garten fast immer mehr oder weniger schwere Schäden. Gemüse und Blumen werden unter Umständen völlig zerfetzt, besonders dann, wenn sie große, breite Blätter oder Blüten haben. Man sollte sich aber angesichts eines auch noch so zerhagelten Gartens nicht gleich ins Bockshorn jagen

... und gut vier Wochen später. Die meisten Kulturen haben sich wieder erstaunlich gut erholt.

lassen. Warten Sie mit dem Umbrechen ruhig ein paar Tage. Viele unserer Gemüsepflanzen haben nämlich ein ganz erstaunliches Regenerationsvermögen. Die Abbildung zeigt einen scheinbar völlig zerstörten Gemüsegarten. Das Foto gegenüber wurde gut 4 Wochen später an der gleichen Stelle aufgenommen. Wie man sieht, mußten lediglich die Gurken aufgegeben werden. Kohl, Sellerie, Kopfsalat und Schwarzwurzeln sind wieder völlig intakt. Generell kann man sagen, daß sich Wurzelgemüse leichter erholt als Blattgemüse. Natürlich kommt es dann zu einer Verzögerung im Vegetationsablauf, und auch auf Qualitätseinbußen muß man sich gefaßt machen. Aber das ist allemal noch besser als mit der Kultur von vorne anzufangen. Soweit wie möglich sollte man jedoch beschädigte Blätter oder Pflanzenteile entfernen, um den überall lauernden Krankheitserregern die Eintrittspforten zu versperren. Auch für eine Düngergabe sind die verletzten Pflanzen dankbar.

Anders sieht es bei Obst- und Zierbäumen aus. An den Früchten bleiben je nach Größe der Hagelschloßen mehr oder weniger große Einschlag-

Solche Schäden kann schwerer Hagelschlag an Obst anrichten.

stellen zurück, die nur schwer vernarben und die Frucht unansehnlich machen. Dort können auch leicht Parasiten wie der Schorfpilz eindringen. An den Ästen und Zweigen wird das Laub zerfetzt oder die Nadeln geknickt, unter Umständen sogar die Rinde aufoder gar abgeschlagen. Später löst sie sich um die Schlagstellen herum in kleinen Stücken oder Streifen ab oder bleibt nach dem Absterben haften, was das Überwachsen mit gesundem Gewebe erschwert. Nach besonders schweren Schlägen sterben Zweige, Äste oder ganze Bäume ab. Oft versucht der Baum auch durch Neuaustrieb, verlorenes Blattwerk zu ersetzen. Das Holz dieser Zweige hat jedoch im allgemeinen keine Möglichkeit mehr, vor dem Winter noch ausreichend auszureifen, so daß es besonders Kälte-gefährdet ist (siehe Seite 76) und das nächste Frühjahr nicht erlebt. Im allgemeinen sind die Folgen eines Hagelschlages noch nach Jahren in Form von verkrüppeltem oder vermindertem Wuchs, höherer Krankheitsanfälligkeit und schlechten Ernten zu beobachten.

Die einzig wirksame Maßnahme gegen die Folgen eines Hagelschlages besteht darin, die betroffenen Bäume radikal zurückzuschneiden, um möglichst viel beschädigtes Holz zu beseitigen. Bei einem eigenen Versuch konnte ich feststellen, wie von zwei gleichen und gleich schwer getroffenen Apfelbäumen der stark zurückgeschnittene sich nach ein paar Jahren wieder völlig erholt hat, während der nicht geschnittene inzwischen eingegangen ist.

Daß nach einem Hagel schnell ein paar hundert Mark für Reparaturen an der Gewächshauseindeckung fällig sein können, sei nur am Rande vermerkt.

Angesichts solcher Gefahren wird man natürlich fragen, ob man sich denn nicht irgendwie vor Hagel schützen kann. Die Meteorologen haben sich auch schon vor Jahren ein einleuchtendes Verfahren ausgedacht. Sie gehen dabei von der Tatsache aus, daß Hagel nur deshalb entsteht, weil für das in der Wolke vorhandene unterkühlte Wasser zu wenig Eiskristalle vorhanden sind. Also bräuchte man nur die Eiskristall-Bildung anzuregen, und schon würde sich das Wasser auf viele kleine Kristalle verteilen, die sich dann nicht mehr zu Hagelschloßen auswachsen können. Dazu bläst man von Raketen, Flugzeugen oder sogenannten Bodengeneratoren aus mikroskopisch kleine Silberjodid-Kriställchen in die Wolke. Auf diesem Material wachsen die Eiskristalle nämlich besonders gerne. Aber obwohl dieses Verfahren so schön einleuchtend wäre, funktioniert es bis heute nicht. Wir können also nur auf zukünftige Entwicklungen hoffen.

Viele Obstbauern, insbesondere im extrem hagelgefährdeten Südtirol, greifen daher zu einer anderen Methode.

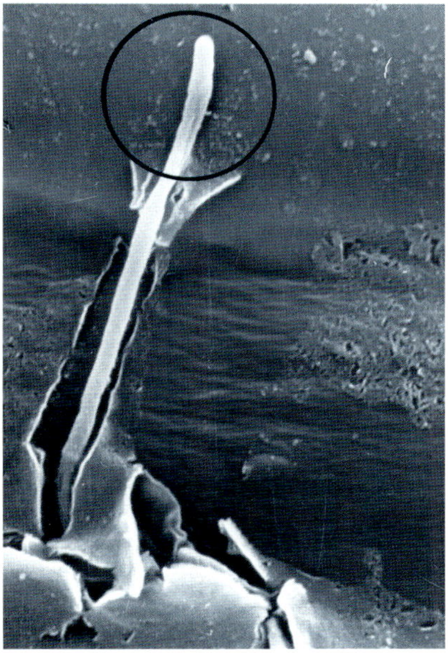

Im Elektronenmikroskop betrachtet: Eine Pilzspore (im Kreis) befällt ein Pflanzenblatt.

Sie spannen über die Obstgärten Kunststoffnetze, die die Schloßen auffangen. Das ist natürlich nicht billig. Auch das Klima in den Obstanlagen wird dadurch verändert und die Krankheitsgefährdung nimmt deutlich zu. Dafür stellen aber die Netze den einzig wirksamen Schutz gegen Hagel dar. Für den Hobbygärtner können sie natürlich kein Thema sein. Er muß nach wie vor auf einen gnädigen Wettergott hoffen, der ihn vor einem Hagelunwetter bewahrt.

Pflanzenschäden infolge Blattnässe

Daß durch Blattnässe Pflanzen geschädigt werden sollen, mag fürs erste verwunderlich erscheinen. Empfinden wir doch am eigenen Körper beim Baden Frische und Erquickung. Das Wasser selbst ist es auch nicht, was den Pflanzen zum Verhängnis wird. Es sind vielmehr die Pilzkrankheiten, die sich auf nassen Blättern rasant ausbreiten können.

Das Wesen der Pilzkrankheiten besteht darin, daß sich im Inneren der Pflanzen ein feines Gewebe von Pilzfäden ausbreitet, das aus den Pflanzenzellen die Nährstoffe heraussaugt, wie der Vampir das Blut aus seinem Opfer. (Bei den Speisepilzen durchwuchert das Pilzgeflecht den oberen Waldboden, wo man es als verzweigtes weißes Gespinst gut erkennen kann.) Nach einer gewissen Zeit entwickelt der Pilz sogenannte »Sporenträger« – bei den Speisepilzen sind das die »Schwammerl« – an erkrankten Pflanzen zeigen sie sich oft, aber längst nicht immer, als samtartige Flecken, wie man sie von Schimmelpilzen her kennt. Aus ihnen werden die »Sporen« ausgeschleudert,

Erforderliche Blattnässedauer für eine Apfelschorf-Infektion

Temperatur	6	8	10	12	14	16	18	20	22 °C
Blattnässedauer für eine leichte Infektion	25	18	14	12	10	9	9	8	9 Stunden
Blattnässedauer für eine schwere Infektion	51	37	29	24	22	21	18	16	18 Stunden

das sind, wenn man so will, die Samen des Pilzes (was botanisch jedoch nicht korrekt ist).

Die Sporen werden durch Wind oder Regen verbreitet. Kommen sie auf ein für sie geeignetes Blatt, so können sie sich darauf zu einem neuen Pilzgeflecht entwickeln, die Pilzkrankheit also verbreiten. Dazu wächst aus der Spore ein Keim, der durch die nächstgelegene Atemöffnung des Blattes ins Innere eindringt und dort sein Zerstörungswerk beginnt. Bei anderen Pilzen sondert der Keim Substanzen ab, die die Haut des Blattes brüchig machen und auf diese Weise Eintrittspforten schaffen. Wie brutal sich manche Pilze dabei verhalten, zeigt die Abbildung auf dieser Seite. Die Aufnahme entstand im Rasterelektronenmikroskop.

Der Keimvorgang – und damit kommen wir wieder zum Wetter zurück – kann aber nur dann einsetzen, wenn das Blatt naß ist, denn die Spore muß (wie ja auch jeder Samen) vor dem Keimen Wasser aufnehmen. Solange das Blatt trocken ist, hat die Spore keine Chance, die Krankheit zu verbreiten. Die Hautpilze, die bekanntlich auch den Menschen befallen können, verhalten sich schließlich ganz ähnlich.

Sind die Blätter unserer Pflanzen durch Tau, Regen oder Nebel über längere Zeit benetzt, so heißt es: Aufpassen, Gefahr im Verzug! Wie lange die Blätter benetzt sein müssen, bis der Keimvorgang einsetzt, hängt natürlich von der Pilzart ab – aber auch von der Temperatur! Aus der Tabelle ist zu entnehmen, welche Benetzungszeiten der gefürchtete Apfelschorf-Erreger, der Pilz *Venturia inaequalis*, bei verschiedenen Temperaturen braucht, um ein Blatt zu befallen. Man sieht, daß dafür bei sommerlichen 20 °C bereits 8 Stunden ausreichen. 16 Stunden Benetzung führen sogar schon zu einer schweren Infektion. Aber selbst bei 6 °C kann sich der Pilz noch ausbreiten, wenn die Blätter (oder grünen Knospenspitzen!) 25 Stunden lang naß sind. Bei vielen anderen Pilzkrankheiten liegen die Verhältnisse ähnlich, jedoch längst nicht bei allen. Generell sollte man sich jedoch die Regel merken: »Feuchtwarmes Wetter ist Pilzwetter« und bei entsprechenden Situationen besonders sorgfältig auf erste Krankheitsanzeichen achten.

Wasser aus dem Boden

Wozu die Pflanzen Wasser brauchen

Haben Sie sich eigentlich schon einmal darüber Gedanken gemacht, wozu die Pflanzen überhaupt Wasser brauchen?

Zunächst einmal spielen sich alle Lebensvorgänge in wäßrigen Lösungen ab. Immerhin enthalten die krautigen Pflanzenteile zwischen 80 und 95 Prozent Wasser und selbst die verholzten bestehen noch zur Hälfte daraus. Wasser ist neben dem Kohlendioxid der zweite Rohstoff für die Photosynthese oder Assimilation (siehe Seite 11). Es wird mit der Energie des Sonnenlichtes aufgespalten und der freigesetzte Wasserstoff zum Aufbau von Zucker verwendet. Einer weiteren wichtigen Aufgabe des Wassers begegnen wir, wenn wir einmal vergessen, unsere Topfpflanzen rechtzeitig zu wässern. Je nach Art lassen sie dann sehr schnell ihre Blätter kraftlos herunterhängen. Nach einem ordentlichen Guß Wasser dauert es aber meist nicht lange, bis sie wieder in alter Frische dastehen. Das Wasser wird also offensichtlich dazu benötigt, Halt zu geben. Im Prinzip ist das das gleiche wie mit der Luft im Fahrradreifen. Die Zellen der Pflanzen sind auch so ähnlich aufgebaut (siehe Seite 55). Sie bestehen aus einem elastischen Gehäuse, »Zellwand« genannt, das dem Mantel beim Fahrradreifen entspricht und einer Blase, die darin eingebettet liegt, wie der Schlauch im Reifen. Diese ist prall mit wäßrigem Zellsaft gefüllt. Steht der Pflanze nicht mehr genügend Wasser zur Verfügung, dann läßt der Druck in der Blase nach und die Pflanze erschlafft – wie ein Fahrradreifen, dem die Luft ausgeht.

Bei heißem Wetter wird das Wasser für die Pflanze außerdem zu einem wichtigen Temperaturregulator. Werden die Blätter zu warm, so öffnen sie ihre Stomata (Atemöffnungen) und verschaffen sich durch die Verdunstungskälte des austretenden Wasserdampfes die notwendige Kühlung. Und schließlich besorgt das Wasser sämtliche Transporte innerhalb der Pflanze. Während es die aus dem Boden aufgenommenen Nährstoffe mit nach oben nimmt, verteilt es die in den Blättern entstandenen Photosynthese-Produkte an alle Verbraucher. Man sieht daraus, welch vielfältige Aufgaben das Wasser im Pflanzenleben zu bewältigen hat.

Formen des Bodenwassers

Die Pflanzen holen sich dieses lebensnotwendige Naß aus dem Boden. Eine Vorstellung, wie das vor sich geht, vermittelt die Abbildung. In ihr sind sehr stark vergrößerte und natürlich weitgehend schematisierte Schnitte durch zwei unterschiedliche Bodenarten dargestellt. Die grauen Brocken stellen die festen Bodenteilchen dar. Links sehen wir einen grobkörnigen, leichten Boden (zum Beispiel Sand), rechts einen feinkörnigen, schweren Boden (zum Beispiel Schluff). In der oberen Hälfte der Abbildung ist dargestellt, wie der Boden aussieht, wenn er völlig trocken ist: Zwischen den einzelnen Bodenteilchen finden wir dann nur lufterfüllte (weiße) Hohlräume. Denken wir uns

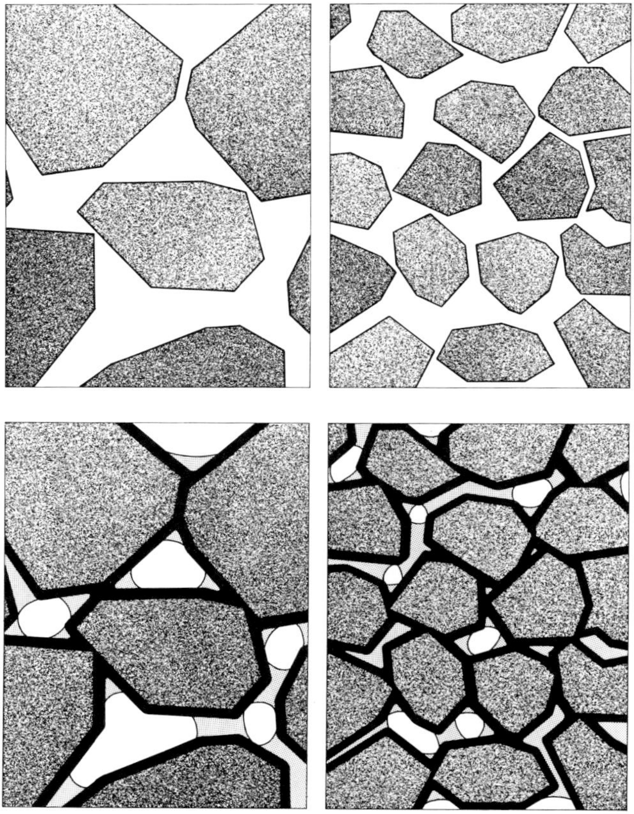

Formen des Bodenwassers: Adsorptionswasser (schwarz), Kapillarwasser (grau gerastert).

jetzt, daß durch Regen, künstliche Bewässerung oder eine schmelzende Schneedecke Wasser in den Boden eindringen soll. Was passiert dann?

Adsorptionswasser. Als erstes bilden sich um die Bodenteilchen herum geschlossene Wasserhüllen aus. Die Bodenkundler nennen diesen Vorgang »Adsorption« und das dabei an die Bodenteilchen gebundene Wasser »Adsorptionswasser«. (Festgehalten werden diese Wasserhüllen von den »van der Waalsschen Kräften« und von elektrischen Oberflächenladungen an den Bodenteilchen, die auf das Dipolmoment des Wassers wirken.) In unserem Bild (unten) sind diese Wasserhüllen schwarz eingezeichnet.

Kapillarwasser. Berühren sich die Wasserhüllen zweier benachbarter Bodenteilchen, so bildet sich zwischen ihnen eine Art »Wasserbrücke« aus. Interessanterweise bleibt diese Brücke aber nicht auf die unmittelbare Berührungsstelle beschränkt, sondern breitet sich seitlich noch etwas aus. Und zwar bis dorthin, wo die Entfernung der beiden Wasserhüllen auf etwa 0,01 mm

Wie zwischen den nassen Beeren einer Traube bilden sich auch zwischen den Bodenteilchen Wasserbrücken aus.

angewachsen ist. Diesen »Kapillareffekt« kann man auch an frisch gewaschenen Weintrauben beobachten: Wo die noch nassen Beeren aneinander liegen, entstehen ähnliche Wasserbrükken. Allgemein kann man sagen, daß das Wasser durch den Kapillareffekt in enge Hohlräume hineingezogen wird, und zwar um so weiter, je enger der Hohlraum ist. Ein Musterbeispiel dafür ist der Trinkhalm im Limonadenglas: im Halm steht die Limonade immer höher als außerhalb davon im Glas. Stellt man Halme mit unterschiedlichen Durchmessern ins Glas, so zeigt sich ganz deutlich: Je dünner der Halm desto höher steigt in ihm die Limonade. Daß man mit Fließpapier einen Tintenklecks aufsaugen und mit Windeln Babys Po trockenhalten kann, beruht auf dem gleichen physikalischen Prinzip. In der Bodenkunde nennt man das auf diese Weise gebundene Wasser »Kapillarwasser«, weil es sich in den feinen Kapillaren zwischen den Bodenteilchen aufhält. In unserer Zeichnung ist es fein gerastert dargestellt. Wo die Abstände zwischen den Adsorptionswasserhüllen der Bodenteilchen größer als die genannten 0,01 mm sind, bleiben wasserfreie, lufterfüllte Poren bestehen (weiß).

Grundwasser. Würde noch mehr Regen fallen, so könnten unsere beiden Böden das zusätzliche Wasser nicht mehr festhalten: es würde nach unten wegsickern. Stößt es dabei auf eine wasserundurchlässige Schicht, so sammelt es sich darüber als »Grundwasser« an.

Pflanzenverfügbares Wasser

Vergleichen wir jetzt einmal die in unseren beiden Böden gespeicherten Wassermengen (indem wir einfach die grauen Anteile der rechten und der linken Bildhälfte gegenüberstellen), so zeigt sich, daß der feinkörnige (schwere) Boden viel mehr Wasser bevorraten kann, als der grobkörnige (leichte). Ein stark tonhaltiger, also extrem feinkörniger Boden kann den Pflanzen mehr als doppelt soviel Wasser verfügbar machen wie ein sehr sandiger.

Für besonders Interessierte sei noch auf folgendes hingewiesen: ein Tonboden kann zwar den Pflanzen zweimal soviel Wasser zur Verfügung stellen wie ein Sandboden, speichern kann er aber sogar dreimal soviel. Warum läßt er den Pflanzen davon nur so wenig zugute kommen? Dazu muß man wissen, daß die Pflanzen nicht in der Lage sind, sämtliches Adsorptionswasser von den Bodenteilchen abzusaugen. Die innerste, unmittelbar auf der Teilchenoberfläche aufliegende Schicht ist viel zu fest gebunden. Die Tonteilchen haben nun, was ihre Oberfläche betrifft, eine recht bemerkenswerte Eigenschaft. Sie besitzen nämlich eine innere

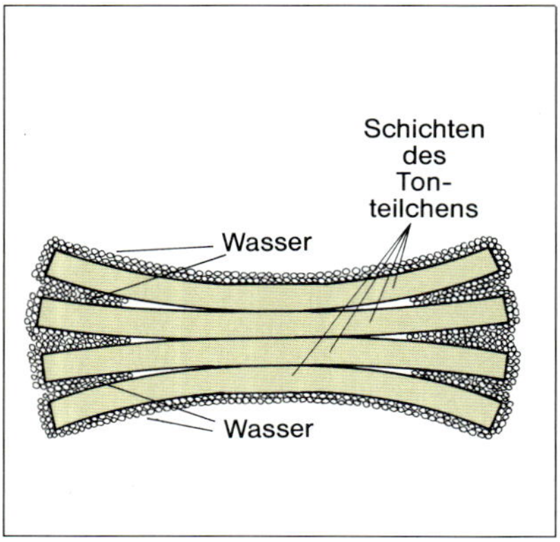

Links: Schematische Darstellung eines aufgeweiteten Tonteilchens.

In den gelockerten Beeten sind die Kapillaren zerstört. Sie können deshalb kein Wasser an die Oberfläche leiten.

Schichtenstruktur, die man sich vorstellen kann wie die eines schönen dikken »Hamburgers«. Drückt man ein solches Sandwich in der Mitte zusammen, dann beginnen sich die einzelnen Schichten am Rand voneinander abzuheben. Beim Tonteilchen verhält es sich genauso. Man sagt, es »weitet auf«. In die dabei entstehenden Zwischenräume dringt nun viel Wasser ein und wird dort gleich von jeweils zwei Oberflächen festgehalten. An den vielen »inneren« Oberflächen der Tonteilchen bleibt dann letzten Endes erheblich mehr von diesem nicht mehr pflanzennutzbaren Restwasser zurück als an den Sandkörnchen. Das Aufweiten der Tonteilchen erklärt noch ein anderes typisches Verhalten der Tonböden: das Schwellen und Schrumpfen. Verliert ein solcher Boden durch Austrocknen Wasser aus den Schichtzwischenräumen der Bodenteilchen, dann verkleinert sich natürlich das Bodenvolumen und an der Oberfläche bilden sich mehr oder weniger regelmäßige Risse. Nach einem ausdauernden Regen quillt der Boden wieder auf und die Risse schließen sich.

Welche Konsequenzen ergeben sich nun aus dem unterschiedlichen Verhalten der Böden? Zunächst einmal die außerordentlich wichtige Tatsache, daß ein Sandboden bei trockenem Wetter viel schneller austrocknet als ein ton- oder schluffreicher Lehmboden und deshalb auch öfter gewässert werden muß. Außerdem zeigt sich, daß das Wasser in einen Sandboden wegen der größeren Freiräume zwischen den Bodenteilchen viel leichter eindringen kann als in die engen Poren eines feinkörnigen Bodens. Das ist der Grund, warum sich Regen- und Gießwasser an der Oberfläche von schluff- und erst recht von tonreichen Böden so gerne staut und die Krume verschlämmt.

Und noch eine wichtige Tatsache können wir anhand dieser Zeichnung verstehen lernen: Die Wasservorräte des Bodens werden ja nicht nur von den Pflanzen aufgebraucht, auch die Verdunstung zehrt daran. Dadurch trocknen die Böden von der Oberfläche her aus. Liegen nun die Bodenteilchen dicht gepackt aneinander, so daß sich zwischen ihnen viele enge Kapillaren ausbilden können, steigt ständig Wasser aus feuchteren, tieferen Schichten nach oben – wie im Trinkhalm – um dort zu verdunsten, nutzlos zu verdunsten. Und für die Pflanzenwurzeln wird die Feuchtigkeit im Lauf der Zeit immer knapper. Was tun? Ganz einfach, lockern! Wir müssen das feste Bodengefüge aufbrechen und damit die Abstände zwischen den Bodenteilchen vergrößern. Dann zerstören wir die wassertransportierenden Kapillaren und die Vorräte in der Tiefe bleiben geschont. Das alte Gärtnersprichwort »einmal gehackt ist soviel wie zweimal gegossen« erklärt sich damit ganz von selbst.

Das gut gelockerte Erdbeerbeet auf unserer Abbildung ist an der Oberfläche stark ausgetrocknet, weil von unten her kein Wassernachschub möglich ist. Die Bodenfeuchte wird dadurch geschont und bleibt den Pflanzen erhalten. Der festgetrampelte Weg dagegen erscheint an der Oberfläche feucht, weil dort die Kapillaren ständig aus der Tiefe Wasser nachsaugen, dadurch aber den Boden im Lauf der Zeit durch und durch austrocknen. Es ergibt sich außerdem ganz klar, daß das Lockern bei den schweren Böden mit ihren Massen von winzigen Kapillaren noch wichtiger ist als bei den leichten.

Bewässerung

Wenn wir uns jetzt eine Vorstellung darüber machen wollen, welchen Aufwand an Bewässerung wir im Mittel und in extremen Jahren zu erwarten haben, so müssen wir drei Faktoren bedenken:

1. die Wasserspeicherung im Boden
2. die natürliche Regenspende und die Verdunstung während der Vegetationsperiode
3. den Wasserbedarf der einzelnen Kulturen.

Wasserspeicherung im Boden

Solange die Vegetation von den im Lauf des Winters angelegten Bodenwasservorräten zehren kann, ist sie nicht auf die regelmäßige Zufuhr von Wasser – sei es durch Regen oder durch Bewässerung – angewiesen. Dem Hobbygärtner kann also ein reichlicher Wasservorrat im Frühjahr nur recht sein. Ein Boden mit guten Speichereigenschaften kann nach einem Sommerniederschlag für trockene Tage viel Wasser bereithalten. Er spart uns also in jedem Fall eine Menge Gießarbeit.

Klimatischer Wasserverlust während der Monate Juni bis August in l/m².

Wasserspeicherung in Abhängigkeit von der Bodenart		
Zusammensetzung des Bodens	Bodenart	Wassergehalt bis 60 cm
praktisch nur Sand	Sandboden	60 l/m²
Sand mit geringem Schluff- und Tonanteil	lehmiger Sand	90 l/m²
Sand mit mäßigem Schluff- und Tonanteil	sandiger Lehm	100 l/m²
ausgewogene Sand-, Schluff-, Tonmischung	Lehm	120 l/m²
Lehm mit reichlich Schluff	Löß	145 l/m²
Ton mit geringem Sand- und Schluffanteil	Tonboden	135 l/m²
überwiegend organisches Material	Moorboden	195 l/m²

Der Tabelle kann man entnehmen, wieviel Wasser unter einem Quadratmeter Bodenoberfläche bis zu einer Tiefe von 60 cm, dem im Mittel durchwurzelten Bodenraum, für die Pflanzen bevorratet werden kann. Wie man sieht, stellen die Moorböden die Spitzenreiter dar: Bis fast 200 l/m² können sie zur Verfügung stellen. Sandböden dagegen bringen es nur auf 60 l/m². Welche Art von Boden in Ihrem Garten vorhanden ist, können Sie mit Hilfe der Fingerprobe abschätzen, die auf der Seite 44 ausführlich beschrieben ist.

Auch eine Reihe von natürlich vorkommenden Pflanzen (die gerne als Unkraut bezeichnet werden) können wertvolle Hinweise darüber geben, ob der Boden die Pflanzen mit Wasser verwöhnt, oder ob sie sich auf trockene Zeiten einstellen müssen. Wo man Hasenklee, Huflattich, Knollenhahnenfuß, das Gemeine Leinkraut, den Weißen Steinklee oder den Feldehrenpreis findet, hat man einen wasserarmen Boden vor sich. Besser sieht es schon aus, wo sich die Gemeine Schafgarbe, das Hundsveilchen, der Breitwegerich, das Wiesenlabkraut, die Wiesenglockenblume und die Ackerwinde wohlfühlen. Auf feuchten bis nassen Böden wachsen gerne die Kohldistel, die Akkerminze, das Wiesenschaumkraut, der Kriechende Hahnenfuß und die Lichtnelke. Sumpfziest, das Gemeine Rispengras und der Schachtelhalm deuten auf vernäßte oder stark verdichtete Böden hin (Mücke und Ferguson 1987).

Niederschlag und Verdunstung

Leider wird, wenn es um die Wasserversorgung der Pflanzen geht, meist nur vom Niederschlag gesprochen, während die Verdunstung völlig unbeachtet bleibt. Man begeht dabei aber einen schweren Fehler, denn was nützen die ausgeglichensten Regenfälle, wenn eine übermäßige Verdunstung all das schöne Wasser wieder aufzehrt. Nur wenn man beides gegeneinander aufrechnet, kann man etwas über die

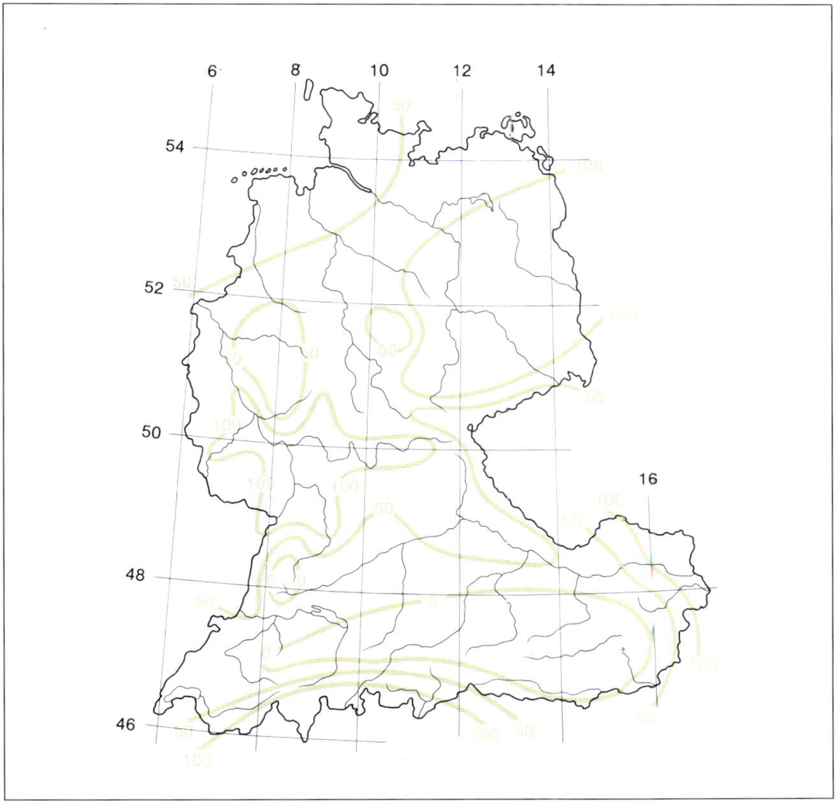

tatsächliche Wasserversorgung der Pflanzen aussagen. Den Wert, der sich aus Verdunstung minus Niederschlag ergibt, bezeichnet man als »klimatischen Wasserverlust«. (Versickerung und Oberflächenabfluß bleiben dabei unberücksichtigt.) In der Abbildung ist der mittlere klimatische Wasserverlust während der Hauptwachstumsmonate Juni bis August dargestellt. Je höher die klimatischen Wasserverluste sind, desto mehr Wasser muß von außen zugeführt werden. Wie man sieht, ist im Mittel eigentlich nur der nördliche und östliche Alpenraum durch die natürlichen Niederschläge ausreichend mit Wasser versorgt. Im Mittel, wohlgemerkt! In trockenen Jahren und auf der Regenschattenseite der Täler kommt man auch dort im Garten nicht ohne Bewässerung aus. Die größten Wasserdefizite finden wir in den Tälern der großen Flüsse: im Rhein-Main-Mosel-Neckar-Bereich, in Ostdeutschland und an der unteren Donau. Da die Niederschläge von Nordwesten kommen, wird die Wasserbilanz nach Osten zu immer stärker belastet. 150 l/m² werden aber nicht erreicht. Es muß aber noch einmal ausdrücklich darauf hingewiesen werden, daß das alles nur im Mittel gilt. In ausgesprochenen Trokkenjahren sieht das Bild natürlich ganz anders aus. Man braucht sich zwar nicht am Dürresommer 1976 orientieren, wo das Wasserdefizit stellenweise sogar auf mehr als 450 l/m² hochgeschnellt ist, aber mit dem Doppelten der Werte von Seite 61 darf man in einem trockenen Sommer rechnen.

Der Wasserbedarf verschiedener Pflanzenarten

In Abhängigkeit von den Klimaverhältnissen in ihrer Ur-Heimat stellen unsere Gartenpflanzen ganz unterschiedliche Ansprüche an die Wasserversorgung. Der größte Wasserverbraucher ist nach übereinstimmender Meinung der Fachleute der Rasen. Bei Sportplatzrasen rechnet man im Sommer mit einer durchschnittlichen wöchentlichen Verdunstung von 25 bis 30 l/m², die durch natürlichen Regen und Bewässerung (oder den Wasservorrat im Boden) ersetzt werden müssen. Für den Hobbygärtner bedeutet das, bei trockenem Wetter mindestens einmal in der Woche kräftig zu sprengen. Wassermengen von mindestens 25 l/m² sind dabei angebracht.

Wasserbedarf der Gemüsearten

hoch	alle Kohlarten, besonders Blumenkohl und Brokkoli	mit dem Wachstums steigt der Wasserbedarf
	Gurken, Kürbis, Zucchini, Melone	darauf achten, daß die Wasserversorgung nicht unterbrochen wird
	Sellerie	vor allem zur Knollenbildung durchdringen gießen
	Tomaten	
	Rhabarber, Schnittlauch	
mittel	alle kopfbildenden Salate	bis zum Schließen der Köpfe
	Endivie, Lauch	besonders ab Spätsommer
	Spinat, Mangold	nicht übernässen
	Bohnen, Fenchel	
	Kartoffel	zwischen Bestandsschluß und Blühende gut feucht halten
	rote und gelbe Rüben, Rettich und Schwarzwurzeln	während der Jugendentwicklung
gering	Zwiebel, Erbse, Radies, Feldsalat, Spargel	
	Wurzelgemüse	nach der Jugendentwicklung

Recht große Unterschiede im Wasserbedarf gibt es bei den verschiedenen Gemüsearten. Hoher Wasserbedarf bedeutet bei einem mittleren klimatischen Wasserverlust (50 l/m²) und mittlerem Wasserhaltevermögen des Bodens (100 l/m²) etwa 300 bis 400 l Gießwasser pro m² im Verlauf der Vegetationszeit. Die Kulturen mit einem mittleren Wasserbedarf verlangen unter sonst gleichen Bedingungen etwa 150 bis 250 l je m², und die mit geringem Bedarf gerade noch 100 bis 150 l auf jeden m². In Gegenden mit einer stark belasteten Wasserbilanz und/oder leichtem Boden ist der Bedarf entsprechend höher, bei günstiger Wasserbilanz und/oder schweren Böden kommt man mit weniger Wassergaben aus.

Auch Obstbäume stellen unterschiedliche Ansprüche an die Wasserversorgung. Vom Apfel mit dem größten Wasserbedarf fällt die erforderliche Wassermenge über Pflaume und Pfirsich zu Birne und Kirsche ab (Mierswa 1984). Unter einigermaßen normalen Verhältnissen müssen aber bei uns nicht einmal die Apfelbäume gewässert werden. Lediglich recht junge Bäumchen, deren Wurzelsystem noch nicht voll entwickelt ist, verlangen in einem heißen, trockenen Sommer gelegentlich eine Wassergabe in Höhe von 20 bis 30 l. Das gilt natürlich genauso für die Obstarten, die im ausgewachsenen Zustand als weniger wasserbedürftig eingeschätzt werden. Voll entwickelten Bäumen schadet es gar nicht, wenn das Wasserangebot im Hoch- und Spätsommer etwas knapper wird. Sie bremsen dann das Wachstum der Triebe und legen dafür mehr Blütenknospen für das Folgejahr an.

Auch Beerensträucher brauchen unter normalen Bedingungen nicht gewässert zu werden. Erdbeeren dagegen verlangen ab der Blüte während der gesamten Fruchtentwicklung einen gut feuchten Boden. Auch von September bis Oktober sind sie für ausreichende Wassergaben dankbar. Während der Fruchtreife dagegen sollte man mit Wasser sparsam sein, um Fäulnis zu unterbinden.

Heckengehölze benötigen, besonders dann, wenn es sich um heimische oder mediterrane Pflanzen handelt, überhaupt kein zusätzliches Wasser. Bei den einjährigen Gartenblumen und den winterharten Stauden ergibt sich der Wasserbedarf aus den Standortansprüchen der betreffenden Pflanze, die man der Samenpackung oder dem Etikett entnehmen kann.

»Goldene Regeln« für das Gießen und Wässern

1. Die nutzlose Verdunstung drosseln

Wasser, das nicht verdunstet, muß auch nicht ersetzt werden. Also wird der Boden gelockert, um die kapillare Wassernachlieferung aus tieferen Bodenschichten zu unterbrechen. Der Boden dörrt dann zwar in einer dünnen Oberflächenschicht aus, in der Tiefe aber bleiben die Wasservorräte geschont. Denken Sie daran: »Einmal Hacken ist besser als zweimal Gießen.« Noch besser ist das Mulchen, das Abdecken der

Eine Mulch-abdeckung schützt vor nutzloser Verdunstung.

Bodenoberfläche. Geeignet ist dafür alles, was an Naturprodukten anfällt: Stroh, Mähgut, Rindenspäne, Kompost, Küchenabfälle, kompostierter Mist, Laub, Nadelstreu und sogar Holzwolle, Sägespäne und schließlich auch Folien. Eine Mulchschicht hält das gesamte Bodenmaterial feucht und damit locker. Sie aktiviert das Bodenleben, gleicht krasse Temperaturgegensätze zwischen Tag und Nacht aus und hemmt außerdem den Unkrautwuchs.

2. Den gesamten Wasservorrat des Bodens nutzen

Flachwurzelnde Pflanzen entnehmen dem Boden das Wasser nur aus der oberen Schicht, die Feuchtigkeit in der Tiefe bleibt weitgehend ungenutzt. Umgekehrt saugen Tiefwurzler das Wasser überwiegend aus den unteren Schichten. Mischkulturen dagegen nutzen den gesamten Wasservorrat des Bodens. Bauen Sie daher Flach- und Tiefwurzler neben- oder miteinander an, soweit sie sich vertragen: zum Beispiel gelbe Rüben mit Zwiebeln, Gurken mit Sellerie, Erbsen mit gelben Rüben oder Saatzwiebeln mit gelben Rüben und Lauch.

3. Das Wasser dorthin bringen, wo es gebraucht wird

Obwohl das Wasser meist mit der Gießkanne ausgebracht wird, ist das »Gießkannenprinzip« grundfalsch. Nehmen Sie – soweit es der Pflanzenbestand zuläßt – den Brausekopf herunter oder drehen Sie ihn nach unten, halten Sie die Kanne ganz tief und geben Sie das Wasser direkt an den Sproß der Pflanze. Ganz besonders gilt das für Neuanpflanzungen. Gießen Sie dabei aber so langsam, daß der Boden das Wasser auch aufnehmen kann, sonst verschlämmt er oder es kommt zu erodierenden Oberflächenabflüssen. Sandige Böden »verdauen« das Wasser schneller als schluffige und erst recht tonige. Ein feuchter Boden nimmt das Wasser leichter auf als ein ausgetrockneter, deshalb sollte man den Boden nie zu sehr austrocknen lassen.

Wasser gehört an die Wurzeln und nicht auf die Blätter. Man beschert den Blättern keineswegs eine erquickende Kühlung, wenn man sie besprengt. Im Gegenteil, an nassen Blättern können sich – besonders in der Wärme des Tages – sehr schnell Krankheitserreger ausbreiten (siehe Seite 54). Man sollte deshalb so rechtzeitig gießen, daß naß

Unter der schwarzen Mulchfolie ist der Boden gut feucht geblieben.

gewordene Blätter noch vor dem Abend wieder abtrocknen. Da sie nämlich in der Nacht durch Tau ohnehin leicht wieder feucht werden, könnte sonst eine zu lange Naßphase zusammenkommen, die das Auskeimen von krankheitserregenden Pilzen ermöglicht.

4. Keine kalte Dusche für die Pflanzen

Das Wasser aus Brunnen hat bei uns Temperaturen zwischen etwa 7 und 11 °C. Das ist für die von der Sonne erwärmten Pflanzen viel zu kalt. Besonders Kohl reagiert auf kaltes Wasser sehr empfindlich. Die straff gespannte Oberhaut seiner Stengel platzt dann beim Besprengen auf und Fäulnisbakterien können bequem eindringen. Auch Leitungswasser ist im Sommer zu kalt. Am besten ist es, wenn sich das Gießwasser in einem Becken tagsüber anwärmen kann.

5. Den richtigen Zeitpunkt zum Gießen wählen

Und der ist nicht erst gekommen, wenn der Boden ausgedörrt ist. Natürlich wartet man oft mit dem Gießen, in der Hoffnung, daß doch noch Regen kommen könnte. Der Deutsche Wetterdienst verbreitet in seinem Fernsprechansagedienst – Rufnummer (0) 1154 – Hinweise zur Witterungsentwicklung der nächsten 5 bis 7 Tage, aus denen man sich auch über die zu erwartenden Niederschläge informieren kann.

In der Mittagshitze sind Pflanzen und Boden besonders warm und die Luft besonders trocken. Die Folge ist eine erhebliche nutzlose Verdunstung. Besser also am späten Nachmittag gießen, die Verdunstungsverluste sind dann um glatt 20 bis 30 Prozent geringer. Aber bitte darauf achten, daß die Pflanzen abtrocknen. Ein ausgesprochen günstiger Zeitpunkt zum Gießen ist – und wenn Sie auch zunächst einmal lachen – nach einem *leichten* Regen. Dann ist nämlich der Boden schon angefeuchtet und kann das Gießwasser viel besser aufnehmen als im trockenen Zustand.

6. Die richtige Wassermenge verabreichen

Es ist besser, auch bei heißem Sommerwetter nur alle paar Tage gründlich zu wässern, als täglich den Boden nur oberflächlich anzufeuchten. Nur so kommt das Wasser an die Wurzeln, dorthin wo es gebraucht wird. Nach einer ganz groben Faustregel dringt 1 l Wasser pro m^2 etwa 1 cm tief in das Erdreich ein. Der Inhalt einer mittleren Gießkanne (10 l) auf 1 m^2 verteilt befeuchtet den Boden also nur bis in 10 cm Tiefe. Das ist natürlich viel zu wenig (von frisch angesäten Beeten und jungen Setzlingen einmal abgesehen), denn unsere Pflanzen entwickeln ihre Wurzeln schließlich ja bis in mehrere Dezimeter Tiefe. 15 bis 20 Liter pro m^2 ist deshalb als absolute Mindestmenge anzusehen. Oft sind 30 l auf jeden m^2 gerade recht. Sie sollten nämlich in diesem Zusammenhang auch bedenken, daß – besonders beim Gießen mit der Brause – ein nicht unerheblicher Teil des Wassers an den Blättern haften bleibt und verdunstet, ohne jemals den Boden zu erreichen und den Pflanzen zugute zu kommen. Bei laubreichen Gemüsen, wie etwa Buschbohnen, Erbsen oder Salat, kann der Verlust bis zu 15 Prozent ausmachen. Geben Sie aber auch keine so hohen Wassergaben, daß Versickerung ins Grundwasser einsetzt. Mit dem Sikkerwasser werden auch Nährstoffe (Nitrate) ausgewaschen, die dann den Pflanzen fehlen und obendrein die Umwelt belasten.

Einen stets feuchten Boden verlangen frisch angesäte Beete, besonders bei flacher Aussaat. Bevor die Samen keimen, müssen sie nämlich aus dem Boden sehr viel Wasser aufnehmen. Sind die jungen Pflänzchen kräftig aufgelaufen, dann darf man mit dem Gießen bald zurückhaltender werden. Das gilt in besonderem Maße für Wurzelgemüse. Ist die oberste Bodenschicht nämlich nicht optimal mit Wasser versorgt, dann entwickeln die Pflanzen schnell kräftige Wurzeln, die in tiefere, feuchtere Schichten vorstoßen. Es entstehen stramme Rübenkörper, so wie wir sie gerne haben möchten.

Denken Sie auch daran, daß Bäume nicht nur Licht-, sondern auch »Regenschatten« werfen, und zwar leicht so weit, wie sie hoch sind. Dort erhält der Boden dann weit weniger Regen und das bedeutet, daß mehr gegossen werden muß.

Die Pflanzen haben während ihrer Entwicklung längst nicht immer den gleichen Wasserbedarf. Während der Zeit des stärksten Wachstums brauchen sie am meisten Wasser, und auch der Bedarf an darin gelösten Nährstoffen liegt dann am höchsten.

Die Geräte und Anlagen, die der Handel zum Gießen und Wässern anbietet, sind so vielfältig, daß hier nicht darauf eingegangen werden kann. Eine sehr ausführliche Übersicht bietet das in der gleichen Reihe erschienene Buch »Geräte für die Gartenarbeit« von Dietrich Mierswa.

Wärme

Das Wärmeklima Mitteleuropas

Wieviel Wärme wir unseren Gartenpflanzen anbieten können, hängt in erster Linie von den Klimaverhältnissen ab. Petrus hat sich da ein durchaus interessantes System ausgedacht, das wir aus der Karte der mittleren Temperatur der Sommermonate (Mai bis September) recht gut herauslesen können. Zunächst einmal ist es im Süden wärmer als im Norden. Das ist nichts Neues. Im Süden steht die Sonne höher als im Norden und damit ist ihre Heizleistung (nach dem Cosinus-Gesetz, siehe Seite 23ff.) größer. Aber dieser generelle Trend wird von zwei ganz maßgeblichen Einfluß-Faktoren überlagert: den Ozeanen und den Gebirgen.

Zunächst zum Meer. Nicht wahr, das haben uns unsere Geographie-Lehrer schon klarzumachen versucht: »Die Ozeane haben eine klimaausgleichende Wirkung.« Das heißt nichts anderes, als daß sie in bezug auf die sommerliche Erwärmung dem Festland hinterherhinken und dafür im Winter langsamer auskühlen als der Kontinent. Dieses Verhalten hat für unser Klima eminente Bedeutung, die wir uns noch besser verdeutlichen wollen. Oberflächlich betrachtet könnten die Küstenbewohner unter den Lesern meinen, der Klimaausgleich beschere ihnen nur kühlere Sommer, denn im Winter herrsche ja ohnehin Vegetationsruhe. Zugegeben, an der Küste sind die Sommer nicht so warm wie im Binnenland. Aber erstens macht der Unterschied kaum mehr als ein Grad aus und zweitens was glauben Sie, was für ein Klima wir ohne die winterliche Warmwasserheizung hätten? Wir können uns schnell ein Bild davon machen, wenn wir die Klimawerte von einem Ort im Innern des Kontinentes zur Hand nehmen, von Moskau zum Beispiel. Die Kremlstadt liegt in einer ähnlichen geographischen Breite wie Hamburg, aber knapp 2000 km landeinwärts. Dort kann sich der Winter austoben, ohne vom warmen Meer in Schranken gehalten zu werden. Während in Hamburg im Januar die mittlere Tiefsttemperatur nur wenig unter –2 °C liegt, zieht sich in Moskau die Quecksilbersäule im Thermometer auf unter –16 °C zurück. Und daß nach derart kalten Wintern der Sommer auf sich warten läßt, liegt auf der Hand. Während an der Küste die Vegetationszeit im Mittel bereits am 27. März beginnt und 231 Tage dauert, muß man in Moskau üblicherweise bis zum 20. April warten. Und mit nur 174 Tagen ist sie um ein glattes Viertel kürzer als an der Nord- und Ostsee.

Zur Vegetationszeit zählen übrigens alle Tage, an denen die Mitteltemperatur über 5 °C liegt. Der Zahlenvergleich zeigt recht deutlich, daß wir ohne Meereseinfluß in unseren Gärten viel weniger Erfolg haben würden.

Einen erheblichen Einfluß auf unser Klima wirken, wie schon gesagt, auch die Gebirge aus. Die schneebedeckte Haube des fast unmittelbar am Äquator gelegenen Kilimandscharo zeigt das in überzeugender Weise. Ganz entsprechend findet man auch in Mitteleuropa auf den Höhen der Alpen und der Mittelgebirge recht niedrige, in den Tälern

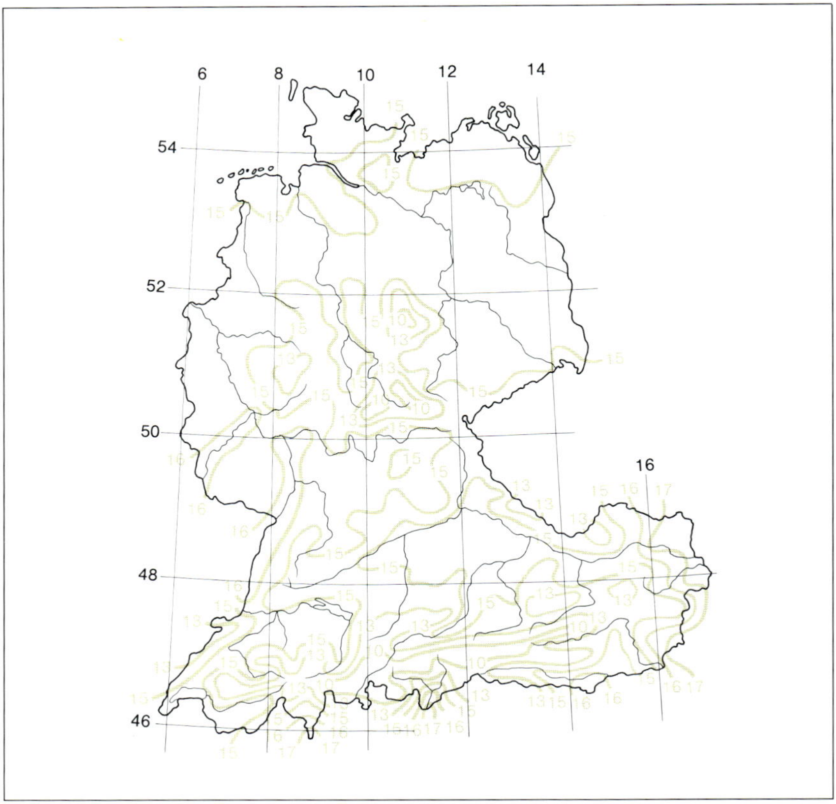

und Beckenlandschaften besonders hohe Sommertemperaturen.

Faßt man das alles zusammen, so entsteht für den deutschsprachigen Raum folgendes Gesamtbild: Die höchsten Sommertemperaturen findet man nach Süden zu, besonders im kontinental beeinflußten Wiener Becken und im Südtiroler Etschtal. Auch die Täler von Mosel und Oberrhein können mit recht warmer Sommerwitterung aufwarten. Am kühlsten ist es auf den Höhen der Alpen und der Mittelgebirge, ihnen folgen die Küstenlinien von Nord- und Ostsee.

Das Wärmeklima am Standort

Damit ist zwar das generelle Muster der Temperaturverteilung festgelegt, das Wärmeklima am einzelnen Standort kann aber davon noch erheblich abweichen. Warum das so ist, wollen wir uns mit Hilfe der folgenden Überlegung klarmachen: In der auf den Erdboden auftreffenden Sonnenstrahlung steckt eine ganze Menge an Energie. Was geschieht denn damit eigentlich? Zunächst wird man daran denken, daß die Verdunstung einen großen Teil des

Mittlere Temperatur der Monate Mai bis September.

Wassers aufbraucht. In der Tat werden in Mitteleuropa im Sommer bis zu zwei Drittel der Sonnenenergie dafür aufgewendet. Der zweite Verbraucher ist der Boden. Er zehrt zwar längst nicht so stark wie die Verdunstung, schluckt aber immerhin noch 15 Prozent der Sonnenenergie. Und der Rest? Der steht für die Erwärmung der Luft zur Verfügung. Daraus ergibt sich dann folgendes Gesamtbild: Je mehr Sonnenstrahlung auf den Boden fällt, je geringer die Verdunstung ist und je weniger der Boden an Wärme aufnimmt, desto wärmer wird es in unserem Garten.

Daß die Südhänge von der Sonne am meisten begünstigt sind, wissen wir bereits aus dem vorangegangenen Kapitel. Sie lassen demnach die höchsten Temperaturen erwarten. An zweiter Stelle in bezug auf den Strahlungsgenuß rangieren die Südost- und Südwesthänge. Man könnte durchaus erwarten, daß sie, was die Wärmeverhältnisse anbelangt, gleichberechtigt an zweiter Stelle stehen. Doch ist das keineswegs so. Üblicherweise wird es an Südwesthängen deutlich wärmer als an Südosthängen. Und warum? Denken Sie doch einmal an die Verdunstung! Am Morgen, wenn die Sonne auf den Südosthang scheint, ist noch alles taunaß und ein großer Teil der Sonnenwärme wird für die Verdunstung aufgewendet. Außerdem ist der Boden von der Nacht her noch kühl und deshalb begierig auf jeden Sonnenstrahl. Ganz anders dagegen am Nachmittag: Der Tau ist längst verschwunden und der Boden durchwärmt, jetzt steht alle Sonnenstrahlung für die Luft zur Verfügung. Bekanntlich findet man die besten Weinbergslagen fast immer an Süd- oder Südwesthängen.

In welcher Weise wirkt sich nun der Boden aus. Hier gilt die Regel: schwere, feste und humusarme Böden schlucken viel, leichte, lockere und humusreiche Böden schlucken wenig Wärme. So erklärt sich ganz zwangsläufig, daß es in trockengelegten Mooren tagsüber enorm heiß werden kann.

Die wärmsten Plätze im Garten

Häufig steht man als Hobbygärtner vor dem Problem, das wärmste Plätzchen im Garten ausfindig machen zu wollen, sei es als Standort für besonders wärmebedürftige Gemüse oder als Sommerquartier für subtropische oder mediterrane Kübelpflanzen, oder weil man einen Steingarten anlegen möchte. Manchmal stellt sich auch nur die Frage, ob man eine bereits ausgesuchte Ecke des Gartens klimatisch noch verbessern könnte.

Aufgrund der Sonnenstrahlung wird dafür in erster Linie ein Südost-, Süd- oder Südwesthang geeignet sein oder aber die Fläche vor einer entsprechend orientierten Wand, Mauer, Baum- oder Strauchreihe (siehe Spalierklima, Seite 37). Steingartengewächse wird man tunlichst in sehr lockeren Boden pflanzen, mit viel Torfmull, Sand oder feinem Kalkriesel – je nach den Ansprüchen an den pH-Wert. Sparsame Wassergaben dämpfen die Verdunstung und tragen so dazu bei, günstige Temperaturverhältnisse zu schaffen.

Links: Blätter sind nur an den Rändern und an den Rippen bereift.

Rechts: Tautropfen bilden sich immer an den Spitzen der Grashalme.

Bei Gemüsen läßt sich die Verdunstung durch Mulchauflagen drosseln. Dabei ist es gleichgültig, ob man Folien oder lockeres Material verwendet. Vorsicht ist allerdings bei schwarzen Mulchfolien geboten, solange die Pflanzen den Boden noch nicht abschatten. Bei besonders warmem und sonnenscheinreichem Wetter kann es für Jungpflanzen dann zu heiß werden, so daß sie Schäden davontragen oder gar eingehen.

Auf der Suche nach den wärmsten Stellen im Garten dürfen wir auch den Wind nicht außer acht lassen. Die Sonne erwärmt schließlich nicht nur den Boden, sondern auch die Blätter und Zweige der Pflanzen. Sie können sich auf diese Weise um mehrere Grad über die Lufttemperatur erwärmen. Bis zu 10, ja sogar 15 °C kann dieser Strahlungseffekt ausmachen. Der Wind nun kann die so gewonnene Wärme fortblasen, wie im Kapitel »Wind« ausführlich gezeigt wird. Es ist deshalb außerordentlich wichtig, für besonders wärmeliebende Kulturen einen zugfreien Standort auszusuchen oder Windschutzmaßnahmen vorzusehen (siehe Seite 101ff.).

Ein kleines, aber doch recht interessantes Abschweifen vom Thema sei in diesem Zusammenhang noch erlaubt. Ist Ihnen schon einmal aufgefallen, daß nach einer spätherbstlichen Frostnacht die Blätter fast ausschließlich an den Rändern und an den Blattrippen bereift sind? Was das mit Wärme zu tun hat? Nun, wenn der Wind über ein Blatt streicht, das in der Sonne wärmer als die Luft geworden ist, kühlt er – wie wir wissen – das Blatt ab. Das geschieht aber nicht gleichmäßig auf der ganzen Fläche, was folgenden Grund hat: »Über dem Blatt bildet sich eine Art unsichtbare Isolierschicht aus. Die Meteorologen nennen sie »Grenzschicht«. Diese Grenzschicht ist nicht überall gleich dick. An derjenigen

Blattkante, die dem Wind zugewandt ist, bleibt sie besonders dünn, auch an Blattrippen, -zähnen und an der Spitze bleibt sie dünner als über der inneren Blattfläche. Je dünner die isolierende Grenzschicht ist, desto leichter kann die Wärme vom Blatt durch sie hindurch in den vorbeistreichenden Wind übertreten. Aber – und jetzt kommt das Interessante an der Sache – nicht nur die Wärme muß die Grenzschicht passieren, auch der Wasserdampf, der sich nachts auf den Blättern absetzt, muß sie durchdringen. Und genauso wie die Wärme überwindet er diese Barriere dort am leichtesten, wo sie am dünnsten ist. Also setzt sich an den Blatträndern, -rippen, an Zähnen und an der Blattspitze besonders viel Tau und Reif ab. Betrachten Sie doch einmal nach einer Nacht mit reichlichem Tau ihren Rasen. Sie werden sehen, daß die Tautropfen fast ausschließlich an den Blattspitzen hängen.

Wärmeansprüche der Gartenpflanzen

Der Temperaturbereich, in dem sich das Leben unserer Gartenpflanzen abspielt, liegt etwa zwischen 1 °C und 45 bis 50 °C.

Die Keimtemperaturen liegen eher am unteren Ende der Skala. Wie man der Tabelle entnehmen kann, schwanken sie innerhalb recht weiter Grenzen.

Während Zwiebel, Erbse und verschiedene Kohlarten schon bei wenigen Grad über Null aus ihrer Keimruhe erwachen, verlangt die Gurke nicht weniger als 16 °C. Man sieht daraus, daß man keine Hemmungen haben sollte, Erbsen und Zwiebeln schon ab Ende März ins Freie zu bringen. Und mit Kohl, Kopfsalat, Spinat und Möhren braucht man dann auch nicht mehr lange zu warten. Von der Keimtemperatur sehr wohl zu unterscheiden

Mittlerer Beginn (oben) und mittleres Ende (unten) der Vegetationszeit.

Keimtemperaturen von Gemüsepflanzen in °C (nach Gerhard Geisler)

Pflanzenart	unterste	beste	oberste
Zwiebel	1– 2	15	30
Erbse	2– 3	25–30	30–32
Kohlarten	2– 3	25	35
Kopfsalat	2– 4	15	25
Möhre	4– 5	22	30
Kartoffel	8–10	19–24	30–35
Buschbohnen	10	32	37
Kürbis	10–15	37–40	44–50
Gurke	16–19	31–37	44–50

ist die Wachstumstemperatur. Erst wenn diese überschritten ist, kann man an der Pflanze einen Massezuwachs beobachten. Bei den meisten Kulturpflanzen unserer Breiten liegt diese Grenztemperatur zwischen 4 und 6 °C.

Aus diesem Grunde datiert man den Beginn der Vegetationszeit auf den Tag, an dem die Tagesmitteltemperatur (siehe Seite 67) 5 °C überschreitet und das Ende auf den Tag, an dem sie wieder unter diese Marke sinkt. Die aus wärmeren Regionen stammenden Gartenpflanzen verlangen allerdings nach wesentlich höheren Starttemperaturen, wie zum Beispiel der Kürbis, der unterhalb 15 °C keine Neigung zum Wachsen zeigt. Unsere Karte zeigt den mittleren Beginn und das mittlere Ende der Vegetationszeit.

Aber auch im Verlauf der Vegetationszeit stellen die einzelnen Pflanzenarten ganz unterschiedliche Wärmeansprüche. Während beispielsweise der Kopfsalat bereits bei 16 °C seine volle Wachstumsleistung zeigt, kommt die Tomate erst bei 20 °C richtig auf Touren. Gurken und Melonen schließlich verlangen nahezu tropische Temperaturen von über 25 °C, um ihr Leistungspotential voll auszuschöpfen. Zu den wärmebedürftigsten Gemüsen zählen Zuckermais, Knollenfenchel, Spargel, Artischocke, Bohne, Tomate, Kürbis, Gurke, Paprika und Melone. Einen mittelhohen Anspruch an die Temperatur stellen alle Kohlarten (außer Rosenkohl und Chinakohl), Schnitt- und Kopfsalat, Rote Rübe, Möhre, Sellerie, Spinat, Erbse und Zwiebel. Mit wenig Wärme geben sich zufrieden: Chicorée, Rosenkohl, Feldsalat, Porree, Schwarzwurzel, Mangold, Winterendivie, Chinakohl, Radieschen und Rettich. Unsere Sommerblumen lieben alle die Wärme. Bei den Stauden steigt ganz allgemein der Wärme- mit dem Lichtanspruch.

Überschreitet die Temperatur der Pflanzenorgane 45 bis 50 °C, dann treten an der Pflanze Hitzeschäden auf. Sie gehen darauf zurück, daß die in den Zellen vorhandenen Eiweißstoffe an-

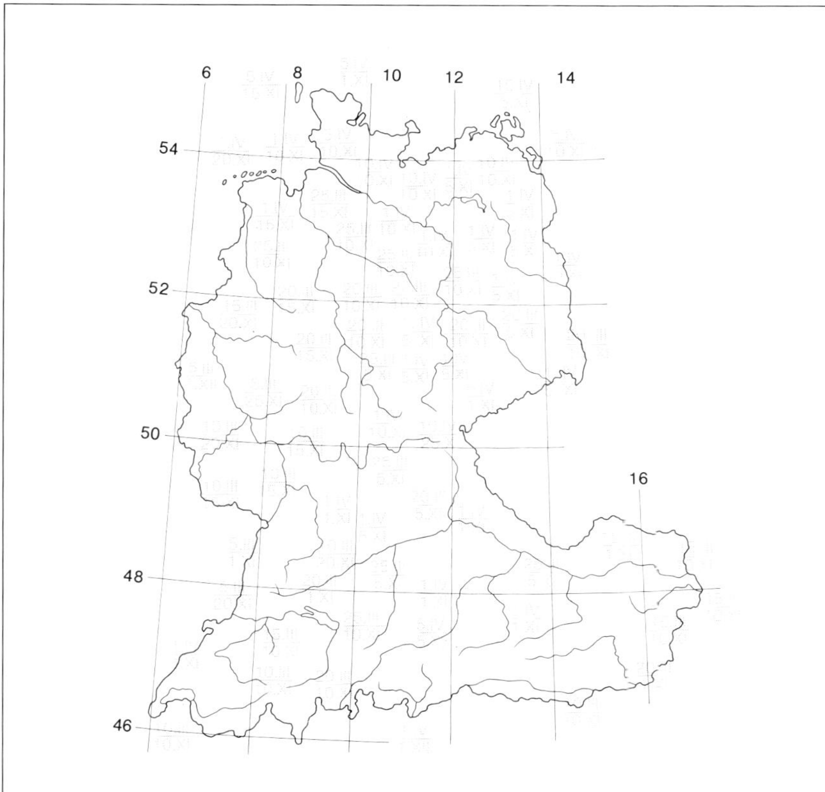

fangen zu gerinnen – der gleiche Vorgang wie beim Frühstücksei – und dann natürlich ihre Aufgaben nicht mehr erfüllen können. Bei uns kann das jedoch nur im Gewächshaus (siehe Seite 106f.) oder auch in dem oben geschilderten Fall über der schwarzen Mulchfolie passieren.

Sehr viel ausführlichere Informationen über den Klimaanspruch von Gemüsepflanzen findet man in dem in der gleichen Reihe erschienenen Buch von Winfried Titze »Frisches Gemüse aus dem Garten« oder in: »Das Gartenbuch für jedermann« von Paul G. Wilhelm.

Frost

» . . . und die weiteren Aussichten: Wetterberuhigung; zunehmende Nachtfrostgefahr.« Ein solcher Wetterbericht mitten in der Obstblüte kann auch einem Hobbygärtner einen ganz schönen Schrecken einjagen. In der Tat haben Frühjahrsfröste, die voll in die Blütezeit eingebrochen sind, schon schwerste Schäden angerichtet, bis hin zum Totalausfall. Besonders schlimme Fröste gab es 1953, 1957 und 1959. Aber auch in manchem Winter haben die Bäume und Stauden schon schwer unter der Kälte zu leiden gehabt. Die Winter 1954/55, 1955/56 und 1962/63 haben in dieser Beziehung eine traurige Berühmtheit erlangt.

Was bei Frost in den Pflanzenzellen passiert

Schauen wir uns die gezeichnete Zelle an. Sie besteht (links oben im Bild) aus einem elastischen Gehäuse, der Zellwand, die das ganze Gebilde umschließt. In diesem Gehäuse liegt wie der Schlauch im Fahrradreifen eine Blase mit dem eigentlichen Zellinhalt. Die Botaniker nennen ihn Protoplast. Er besteht aus dem wäßrigen Zellsaft, in dem die verschiedensten Substanzen gelöst sind, und einer Reihe von Zellkörperchen. Die bekanntesten sind der Zellkern und die sogenannten Chloroplasten, die den grünen Pflanzenfarbstoff enthalten. Die Blasenhaut bezeichnet man als Membran.

Um die Vorgänge, die sich bei Frost in einer Zelle abspielen, verstehen zu können, muß man wissen, daß Wasser, in dem irgendwelche Substanzen gelöst sind, erst bei Temperaturen unter 0 °C zu gefrieren beginnt. Je konzentrierter die Lösung ist, desto tiefer kann man abkühlen, ehe die Eisbildung einsetzt. (Ein Zahlenbeispiel: Ist in 1 l Wasser 1 g Kochsalz aufgelöst, dann gefriert die Lösung bei –0,1 °C; sind dagegen 100 g gelöst, so muß man zur Eisbildung auf –10 °C abkühlen.)

Sinkt die Temperatur einer Pflanze unter 0 °C, so besteht die Gefahr, daß der Zellsaft gefriert, was für die Zelle tödlich wäre (siehe unten). Sie schützt sich davor, indem sie die Konzentration des Zellsaftes erhöht. Dazu scheidet sie durch die Membran hindurch Wasser (jedoch nicht die darin gelösten Inhaltsstoffe!) aus. Dabei schrumpft der Protoplast, die Membran löst sich von der Zellwand und das ausgeschiedene Wasser sammelt sich in den entstehenden Hohlräumen an (rechts oben im Bild). Gleichzeitig werden biochemische Prozesse in Gang gesetzt, die die Zellsaftkonzentration steigern.

Doch alles hat seine Grenzen. Hält aufgrund extrem tiefer Temperaturen dieser Entwässerungsvorgang zu lange an, so nimmt der Protoplast eine Gestalt an, wie man sie von vakuumverpackten Lebensmitteln her kennt (links unten). Dadurch werden die Zellkörperchen gequetscht und dabei schwer geschädigt. Außerdem dickt der Zellsaft immer mehr ein, bis er schließlich seine Aufgaben nicht mehr erfüllen kann. Bilden sich in ihm bei entsprechender Kälte (rechts unten) dann doch noch Eiskristalle, so ist die Zelle dem sicheren Tod geweiht, denn wie in der Abbildung deutlich zu sehen, haben die Kristalle messerscharfe

Was bei Frost in den Pflanzenzellen passiert (siehe Text, stark schematisiert).

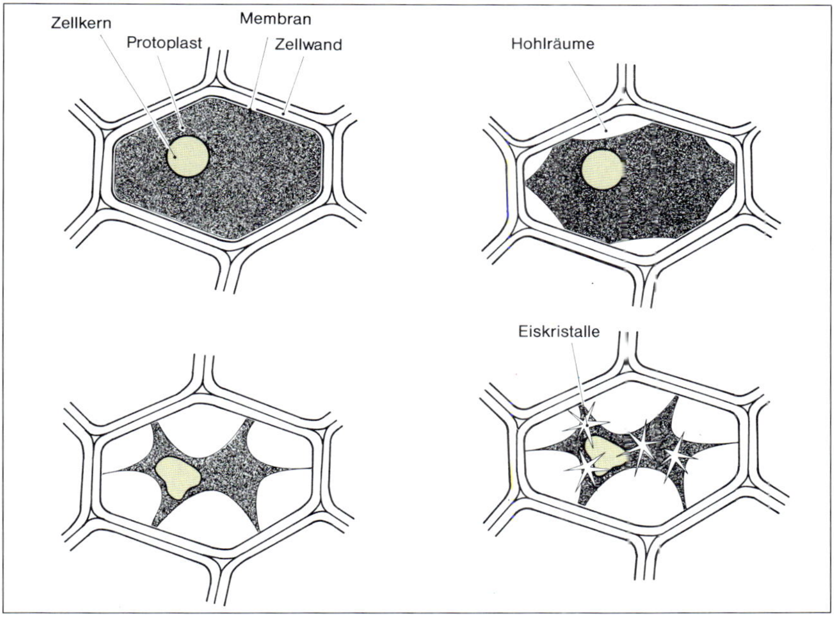

Spitzen, mit denen sie Membran und Zellkörperchen mühelos zerstechen können. Dadurch kommt es nach dem Auftauen in der Zelle zu einem totalen biochemischen Kollaps.

Aber selbst dann, wenn die Zelle die Entwässerung übersteht, ist sie noch nicht in jedem Fall »über den Berg«. Beim Wiederauftauen kann es nämlich passieren, daß das in die Zelle zurückflutende Wasser nicht schnell genug an die einzelnen Zellbereiche verteilt wird. Dadurch kann es zu Druckunterschieden kommen, die die Membran zerreißen.

Frostfestigkeit

Nun steht die Pflanze, wie wir gesehen haben, diesen Vorgängen nicht machtlos gegenüber. Sie kann innerhalb bestimmter Grenzen gegensteuern. Damit gelingt es ihr, auch tiefere Frosttemperaturen schadlos zu überstehen. Auf welche Temperaturen sie sich einstellen muß, leitet sie aus der Tageslänge, mehr aber noch aus dem Temperaturverlauf mit Hilfe einer inneren Uhr ab: Wenn im Herbst die Tage kürzer werden, ist das für sie das Signal, sich auf winterliche Verhältnisse vorzubereiten.

Dazu gehört, kälteempfindliches Laub abzuwerfen und den gesamten Organismus »frostfest« zu machen. Man weiß zum Beispiel, daß Apfelknospen, die den Sommer über bei Temperaturen von wenigen °C unter Null bereits zugrunde gehen würden, ab Ende September zunehmend widerstandsfähiger werden, bis sie Anfang Dezember im Idealfall Fröste bis –60 °C ohne bleibende Folgen überstehen können. Aber bereits in der zweiten Januarhälfte beginnt sich die Frostfestigkeit erst langsam, dann zunehmend zu lockern. Und Anfang April sind bereits –10 °C für die Apfelknospen tödlich. Sind die Knospen erst einmal geschwollen, so halten sie kurzzeitig –4 °C aus, die entfalteten Blüten ertragen gerade noch –2 °C und die jungen Früchte gehen bei Temperaturen unter –1 °C bereits zugrunde.

Nun lassen sich aber die Pflanzen unglücklicherweise von der Temperatur leicht foppen. Stellt sich beispielsweise mitten im Winter eine längere Tauwetterperiode ein, so schließen sie daraus voreilig, daß der Frühling vor der Tür stehe und lockern ihre Frostfestigkeit: Eine oftmals fatale Fehlreaktion! Denn wenn nach dem Tauwetter wieder massive Kälte einbricht, sind die Pflanzen ihr mehr oder weniger schutzlos ausgeliefert.

Das gleiche gilt natürlich auch im Frühling, wenn nach einer milden Periode noch einmal strenger Frost einsetzt. Hat sich aber die Frostfestigkeit erst einmal abgebaut, dann ist es sehr schwierig, sie angesichts der länger werdenden Tage wieder zurückzugewinnen.

Verbreitung von Frost

Fröste stellen auf der Erde ein sehr weit verbreitetes Phänomen dar. Nur etwa ein Viertel der Festlandsfläche kann man als sicher frostfrei bezeichnen. Auf einem Drittel der Festlandsfläche ist während der kalten Jahreszeit mit Temperaturen unter –20 °C zu rechnen. In Sibirien, Alaska und Nordwest-Kanada sinken sie regelmäßig unter –40 °C. Am kältesten ist es in der Antarktis, dort hat man an der Forschungsstation Wostok schon ganz schön frische –91,5 °C gemessen. Und bei uns, wie kalt kann es denn da werden? Die tiefste Temperatur Mitteleuropas hat man am 12. Februar 1929 in dem kleinen niederbayerischen Dorf Hüll südöstlich von Ingolstadt gemessen. Sie betrug –39,8 °C. Über die durchschnittlichen Frostverhältnisse in Mitteleuropa gibt die Tabelle Auskunft. Man muß diese Werte allerdings stets vor dem Hintergrund des Geländeklimas sehen, auf das wir auf Seite 87ff. noch zu sprechen kommen.

Überwintern von Bäumen und Sträuchern

Die bei uns heimischen Bäume und Sträucher sind durch die winterliche Kälte kaum gefährdet. So können zum Beispiel Kiefer, Zitterpappel, Zwergbirke, Lärche, Wacholder sowie einige Fichten- und Thujenarten in tiefer Winterruhe Temperaturen bis –45 °C ertragen. –40 °C überleben die weniger frostfesten Fichtenarten, Schwarzerlen, besonders robuste Eichen und einige

Durchschnittliche Frostverhältnisse in Mitteleuropa

Land/Ort	tiefste Temperatur (Monat) in °C		mittleres Datum von letztem und erstem Frost		Zahl der Tage mit Frost April	Mai	Juni	Sept	Okt	Nov
Bundesrepublik										
Berlin-Dahlem	−26,0	(II)	19.4.	23.10.	4,7	0,3	0,0	0,0	1,8	12,2
Braunschweig	−26,3	(II)	16.4.	23.10.	4,1	0,3	0,0	0,0	2,5	9,9
Freiburg	−21,7	(I)	11.4.	27.10.	2,2	0,1	0,0	0,1	2,1	9,9
Gießen	−28,8	(I)	30.4.	21.10.	5,6	0,5	0,0	0,2	3,3	10,2
Hamburg	−21,1	(II)	5.4.	6. 1.	2,5	0,0	0,0	0,0	1,1	7,2
Heilbronn	−28,4	(II)	20.4	25.10.	3,2	0,4	0,0	0,1	2,8	9,2
Hof	−32,2	(II)	25.5.	21. 9.	12,3	3,9	0,2	2,3	7,1	16,7
Kaiserslautern	−25,5	(I)	24.4.	21.10.	5,9	0,8	0,0	0,2	3,5	9,9
Kassel	−26,6	(I)	19.4.	26.10.	4,2	0,3	0,0	0,0	2,7	9,6
Kiel	−20,0	(II)	16.4.	5.11.	4,3	0,1	0,0	0,0	0,9	7,5
Köln	−19,6	(I)	28.3.	14.11.	1,1	0,0	0,0	0,0	0,4	4,7
Mainz	−21,8	(II)	2.4.	3.11.	1,3	0,0	0,0	0,2	1,2	7,0
Münster	−27,0	(I)	20.4.	29.10.	4,6	0,4	0,0	0,0	2,2	9,3
München	−25,5	(I)	7.5.	9.10.	11,1	2,7	0,1	0,7	5,9	18,5
Oberstorf	−31,1	(I)	10.5.	3.10.	12,7	2,7	0,1	1,1	7,7	21,5
Regensburg	−28,8	(I)	18.4.	23.10.	4,7	0,2	0,0	0,0	2,8	13,6
Tübingen	−27,0	(I)	2.5.	18.10.	6,2	0,9	0,0	0,3	4,1	14,8
Wilhelmshafen	−19,8	(II)	7.4.	11.11.	2,2	0,0	0,0	0,0	0,6	6,7
Würzburg	−26,5	(I)	17.4.	26.10.	3,9	0,2	0,0	0,0	2,5	9,4
DDR										
Dresden	−27,0	(II)	11.4.	26.10.	3,1	0,1	0,0	0,1	2,0	8,5
Erfurt	−24,4	(I)	3.5.	12.10.	7,9	1,1	0,2	0,4	4,4	13,6
Greifswald	−27,2	(II)	19.4.	23.10.	4,8	0,2	0,0	0,1	2,3	10,0
Magdeburg	−29,6	(I)	14.4.	26.10.	3,5	0,2	0,0	0,0	2,3	9,7
Österreich										
Bregenz	−24,0	(II)	23.4.	31.10.	3,2	0,3	0,0	0,0	2,0	10,6
Innsbruck	−26,9	(II)	18.4.	18.10.	2,8	0,1	0,0	0,1	3,2	15,0
Klagenfurt	−27,0	(I)	10.4.	22.10.	6,7	0,4	0,0	0,1	4,8	18,0
Linz	−27,2	(XII)	18.4.	8.11.	2,0	0,0	0,0	0,0	1,8	11,4
Salzburg	−30,6	(I)	2.5.	31.10.	0,9	0,0	0,0	0,0	1,6	10,9
Wien	−25,6	(II)	8.4.	2.11.	1,9	0,0	0,0	0,0	1,1	9,1
Schweiz										
Basel	−23,9	(I)	29.3.	7.11.	2,6	0,0	0,0	0,0	1,8	8,2
Bern	−22,8	(II)	5.4.	20.10.	3,4	0,0	0,0	0,0	2,0	10,0
Genf	−18,3	(II)	3.4.	25.10.	1,6	0,0	0,0	0,0	0,7	4,2
Lugano	−14,8	(II)	3.3.	28.11.	0,6	0,0	0,0	0,0	0,9	3,7
Zürich	−24,8	(II)	9.4.	8.11.	5,3	0,6	0,0	0,0	2,0	9,8
Südtirol										
Bozen, Etschtal	−18,5	(II)	27.4.		2,7	0,4	0,0	0,1	5,3	16,6

Weißtannenarten. Unter –30 °C muß man bei Buchen und verschiedenen Weißtannenarten mit Schäden rechnen. Eibe, Kornelkirsche und Feldahorn überstehen noch –25 °C. Bei Buchs, Walnuß und Efeu wird es unter –20 °C kritisch. Südländer sind dagegen wesentlich gefährdeter. Die Zeder, die Zypresse, die Stechpalme und die Magnolie können schon bei Temperaturen, die wenig unter –10 °C liegen, erfrieren. Oft sind auch nur die hochgezüchteten Sorten kälteempfindlich, während ihre Wildformen jedem Frost trotzen. Ein Musterbeispiel dafür sind die Rosen. Während alteingesessene Formen Temperaturen bis –40 °C ohne weiteres überstehen, muß man bei vielen modernen Züchtungen teilweise schon bei –15 bis –17 °C mit schweren Ausfällen rechnen.

Was den Ziergehölzen recht ist, ist den Obstbäumen und Beerensträuchern billig. Johannisbeeren, insbesondere die Schwarzen, brauchen sich vor keinem Frost zu fürchten. Sie können ohne weiteres –45 °C ertragen. Für die in Europa beheimateten Apfelbäume stellen –30 bis –35 °C kein Problem dar. Bei optimaler Anpassung überleben sie sogar –40 °C. Die Birnen stehen den Äpfeln nur wenig nach. Selbst Süßkirschen verkraften noch –27 bis –33 °C. Auch Zwetschgen und Pflaumen zählen zu den weniger Winterfrost-gefährdeten Obstarten. Dagegen sind Walnuß, Aprikose, Pfirsich und Wein den schweren Frösten nicht gewachsen.

Die hier genannten Kältetoleranzen beziehen sich auf die Gewebetemperatur. In windstillen Winternächten sind die Pflanzen aber kälter als die Luft. (Der Grund dafür ist in deren langwelliger Ausstrahlung zu suchen. Näheres siehe Seite 34.) Bei Lufttemperaturen um –10 °C liegen die Pflanzentemperaturen zwischen –10 °C und –14 °C. Bei –20 °C in der Luft betragen die Pflanzentemperaturen –22 bis –26 °C und in einer –30 °C kalten Luft zwischen –34 und –38 °C.

Frosttrocknis

Viele, zunächst auf die winterliche Kälte zurückgeführten Schäden an Gehölzen haben mit den niedrigen Temperaturen allerdings kaum etwas zu tun. Oft handelt es sich in Wirklichkeit um Trockenschäden. Die oberirdischen Teile der Pflanzen verdunsten nämlich selbst bei tiefen Wintertemperaturen immer noch etwas Flüssigkeit. Ganz besonders gilt das natürlich für die Immergrünen wie Nadelbäume, Eiben, Buchs und Rhododendron. Wenn aber ständig aus den Pflanzen Wasser verdunstet und der gefrorene Boden keine Nachlieferung zuläßt, dann geht es den Pflanzen im wahrsten Sinne des Wortes »ans Eingemachte«, nämlich an den Zellsaft. Ihm wird ständig Wasser entzogen, so daß er zunehmend eindickt, was schließlich zum Zelltod führt. Die strahlungsreichen Tage des ausgehenden Winters mit ihren beständigen trockenen Ostwinden (siehe Seite 98) sind in dieser Hinsicht besonders gefährlich.

Maßnahmen zum Schutz vor Winterfrostschäden

Was können wir tun, um unsere Bäume und Sträucher gut über den Winter zu bringen? Ein direkter Schutz ist zumindest bei größeren Bäumen nicht möglich. – Dafür kann man mit etwas Vorsorge um so mehr erreichen! Sie beginnt damit, daß man sich – besonders in den kälteren Gegenden – kritisch überlegt, ob es überhaupt sinnvoll ist, ein fremdländisches oder sonstiges kälteempfindliches Gehölz anzupflanzen, auch wenn es einem noch so gut gefällt. Vor dem Kauf sollte man auf alle Fälle den Rat eines erfahrenen Gärtners einholen. Die nächste Überlegung gilt dem Standort. Die tiefsten Wintertemperaturen treten in den Geländelagen auf, in denen es auch die meisten Frühjahrsfröste gibt (siehe Seite 87). Am ehesten kann man sich noch auf eine windgeschützte Hauswand oder Mauerecke verlassen, muß sich aber dann stets der Trocknisgefahr bewußt sein.

Günstig wirkt sich auf die Frosthärte eine ausgewogene Nährstoffversorgung mit reichlichen Kaligaben aus. Entgegen einer verbreiteten Meinung scheint Stickstoff die Frostfestigkeit eher zu steigern. Ein gesunder Baum ist immer widerstandsfähiger als einer, der von Krankheiten und Schädlingen geschwächt wurde, auch deshalb sollte man auf einen sinnvollen Pflanzenschutz achten. Ein durch übermäßigen Fruchtbehang erschöpfter Baum geht weniger frosthart in den Winter als einer, bei dem der Ertrag durch geschickten Schnitt auf ein vernünftiges Maß reduziert wurde. Zu früher Winterschnitt lockert die Frosthärte ganz erheblich, deshalb sollte man nie vor Ende Januar schneiden. Nach einem milden, trockenen Herbst ist das Holz gut ausgereift und kann der Kälte besser trotzen als nach einer feucht-kühlen Herbstwitterung. Besonderer Wintervorsorge bedürfen die Immergrünen, die leicht unter Trocknis leiden können. Die Vorbeugung beginnt damit, daß man schon im Spätherbst, besonders wenn es lange trocken gewesen war, den Boden mit mehreren kräftigen, aber langsam verabreichten (siehe Seite 65) Wassergaben wieder ausreichend befeuchtet. Das Wasser muß tief ins Erdreich eindringen können. Eine anschließend auf den Boden aufgebrachte Mulchschicht hilft, die Feuchtigkeit besser zu erhalten. Für Rhododendren bitte nur kalkarmes Wasser verwenden. Für sie ist auch ein Wind- und Sonnenschutz dringend anzuraten. Dafür sind Geflechte aus Reisig, Stroh oder Obstbaumschnittgut vom letzten Jahr gut geeignet. Natürlich kann man auch käufliche Rohr- oder Schilfmatten verwenden. Das Geflecht wird an einigen Pfählen gut befestigt; es muß – um sicher abzuschatten – etwas höher als der Strauch sein. Auch im Lauf des Winters empfiehlt sich bei aufgetautem Boden eine gelegentliche Wassergabe. Wenn Immergrüne anfangen, ihre Blätter einzurollen, ist das ein Zeichen dafür, daß sie unter Wassermangel leiden. Sie versuchen auf diese Weise, die verdunstende Oberfläche zu verkleinern. Für den Gärtner ist dies ein Alarmzeichen, um sofort Gegenmaßnahmen einzuleiten.

Ein Kalkanstrich verhindert Rindenrisse.

Wenn im ausgehenden Winter die Sonne höher zu steigen beginnt, kann es passieren, daß sich die südseitige Hälfte eines Baumstammes frühlingshaft erwärmt und ein erster Saftstrom einsetzt, während die Nordseite bockhart gefroren bleibt. Eine Schneedecke kann diesen Effekt (wegen der Reflexion) noch verstärken. Man hat zwischen beiden Baumstamm-Seiten tatsächlich schon Temperaturdifferenzen von über 15 °C gemessen. Das führt natürlich zu enormen Spannungen, denen die Rinde oft nicht standhält und sie reißt mit einem lauten Knall. Den gleichen Effekt können auch die Temperaturschwankungen zwischen Tag und Nacht auslösen. Sie können leicht mehr als 20 °C ausmachen. Was tun? Die Sonnenwärme abhalten! Dazu kann man den Stamm mit Matten oder Stroh umwickeln; auch Wildverbißspiralen haben sich insbesondere bei Jungbäumen gut bewährt. Allerdings müssen diese Materialien im Frühjahr wieder abgenommen werden, um Stammschäden durch Krankheits- und Schädlingsbefall zu vermeiden.

Die klassische Methode ist das Kalken bis hinauf in die erste Astgabel.

Rindenrisse können, wenn sie nicht rechtzeitig behandelt werden, den Stamm bis tief ins Holz hinein schädigen.

Dabei reicht schon ein halbseitiger Anstrich von der Südost- über die Süd- bis zur Südwestseite aus, um die Sonnenstrahlung wirkungsvoll zu reflektieren. Die ätzende Wirkung des Kalkes setzt darüber hinaus den Larven des Apfelblattsaugers, des Knospenwicklers und den Schildläusen arg zu. Der Münchener Radio- und TV-Hobbygarten-Experte Burckard Mücke empfiehlt dazu folgendes Rezept: 300 bis 500 g Ätzkalk mit 10 Liter Wasser löschen, gut verrühren und diese Brühe dann zum Anstreichen verwenden. Als Alternative empfiehlt er, 10 kg Weißkalkhydrat und 1,5 g Kaltleimpulver mit 10 l Wasser zu versetzen und das Ganze mit einem Pinsel auf die Baumstämme aufzutragen. In Gartenfachgeschäften gibt es natürlich auch Fertigpräparate zu kaufen.

Und wenn schon ein Rindenriß passiert ist? Keine Bange, wenn man rasch handelt, läßt sich der Schaden leicht wieder beheben. Wichtig ist nur, daß man die Wunde mit Baumwachs versiegelt und die Rinde mit Schnur oder einem breiten Band nicht zu straff umwickelt. Überläßt man den Riß sich selber, so klafft er immer weiter auseinander, bis sich die Rinde vom Stamm löst und Krankheitserregern eine weitgeöffnete Eintrittspforte bietet (siehe Abbildung).

Überwintern niederwüchsiger Pflanzen

Sie nehmen insofern eine Sonderstellung ein, als sie im Lauf des Winters teilweise oder ganz mit Schnee bedeckt sind. Daß Schnee als ausgezeichneter Wärmeisolator wirkt, dürfte allgemein bekannt sein. Ein paar Zahlen können das überzeugend belegen: Am Morgen nach einer klaren Winternacht wurden an der Oberfläche einer 12 cm hohen Schneedecke –15 °C gemessen, an der Bodenoberfläche unter dem Schnee dagegen nur –2 °C und wenige cm im Boden zeigte das Thermometer Werte um den Gefrierpunkt an.

Woher kommt das, daß der Schnee den Boden so hervorragend vor der Winterkälte schützt? Nun, Schnee ist sehr locker, besonders wenn er frischgefallen ist. Locker, das heißt aber nichts anderes, als daß er sehr viel Luft enthält, Pulverschnee besteht beispielsweise bis zu 90 Prozent aus Luft. Und daß Luft exzellente Isoliereigenschaften besitzt, ist jedermann bekannt. Nun hat aber alles so seine zwei Seiten: was auf der einen Seite ein Vorteil ist, kann sich auf der anderen Seite durchaus als

Nur die aus dem Schnee herausragenden Pflanzenteile sind erfroren.

Pferdefuß erweisen. Auch beim Schnee ist das nicht anders. Wie wir schon wissen (siehe Seite 34), senden alle Stoffe langwellige Strahlung aus. Eine Schneedecke macht da keine Ausnahme. Die Ausstrahlung aufrecht zu erhalten, kostet aber eine Menge Energie, es bedarf also irgendeiner Wärmequelle. Die Sonne kommt dafür kaum in Frage, weil der Schnee bis zu 95 Prozent des Sonnenlichtes zurückwirft. Dann wäre da noch die vom Sommer her im Boden gespeicherte Wärme. Aber, wie soll sie denn den schlecht leitenden Schnee durchdringen können? Und andere Wärmequellen gibt es nicht. Wenn also der Schnee ständig Energie verbraucht und kaum welche nachgeliefert bekommt, dann geht das eben auf Kosten seines eigenen Energievorrates, sprich: seiner Temperatur. Fazit: An der Oberfläche des Schnees wird es – besonders in der Nacht – lausig kalt.

Man hat festgestellt, daß Lufttemperaturen unter –16 bis –18 °C überhaupt nur dann auftreten, wenn eine wenigstens einige cm hohe Schneedecke vorhanden ist. Ohne Schnee kann es also überhaupt keine richtig strengen Fröste geben! Während also – und damit kommen wir wieder auf die Nachteile des Schnees zurück – die unter einer Schneedecke liegenden Pflanzen in idealer Weise vor der Winterkälte geschützt bleiben, sind die aus ihr herausragenden Teile um so stärker gefährdet. Gelegentlich sieht man im Frühjahr Gehölze, die in ihrem unteren Bereich frisch und grün sind, während ihre Spitze erfroren ist. Daran läßt sich exakt die Schneehöhe ablesen.

Wir sehen daraus, ein absoluter Verlaß ist auf den Schnee keinesfalls. Also müssen wir unsere kälteempfindlichen Pflanzen schon selbst schützen, indem wir sie vollständig mit wärmeisolierenden Materialien abdecken. Stroh, Reisig, Stoffgewebe, Torf, Kompost, Laub, Rindenspäne oder Sägemehl sind dafür gut geeignet. Die »langen« Materialien wie Stroh und Reisig lassen sich im Frühjahr bequemer entfernen. Die Reste der »kurzen« kann man zur Bodenverbesserung einarbeiten. Folien sollte man nur in Ausnahmefällen verwenden, weil sich unter ihnen Temperaturen einstellen, die die Pflanzen leicht zum vorzeitigen Austreiben reizen könnten. Außerdem wollen wir nicht verschweigen, daß größere, zusammenhängend abgedeckte Flächen gerne Mäuse und Wühlmäuse anlokken.

Man darf davon ausgehen, daß unter einer 10 bis 20 cm hohen Reisigabdekkung die Temperatur erst dann unter –10 °C absinkt, wenn es draußen unter –20 °C kalt ist. Unter einer gleich dikken Strohschicht wurden bei –20 °C Außentemperatur sogar nur –8 °C gemessen. Da tiefere Außentemperaturen, wie wir gesehen haben, ohnehin nur bei Schnee (mit seiner zusätzlichen Schutzwirkung) auftreten, kann man ganz grob sagen, daß unter einer Winterabdeckung im allgemeinen keine tieferen Temperaturen als etwa –10 °C zu erwarten sind.

Im Ziergarten verlangen insbesondere die Rosen einen Winterschutz. Die Veredelungsstelle ist dabei besonders gefährdet. Es empfiehlt sich deshalb, vor dem Abdecken die Erde um die Pflanzen herum zusätzlich noch etwas anzuhäufeln. Kletter- und Hochstammrosen müssen, solange sie sich noch leicht biegen lassen, umgelegt und als ganze abgedeckt werden.

Auch der Gemüsegarten liegt im Winter nicht völlig brach. Schwarzwurzeln, Winterporree, Grün- und Rosenkohl, Spinat, Feldsalat und Mangold können im Winter auf den Beeten bleiben. Grünkohl muß sogar Frostwetter hinter sich haben, bevor er sein volles Aroma entfalten kann. Rosenkohl verliert allerdings nach mehrmaligem Auftauen und Wieder-Einfrieren erheblich an Qualität. Petersilie und Radicchio frieren zwar zurück, treiben aber im Frühjahr aus dem Wurzelstock rasch wieder aus. Die anderen genannten Gemüsearten gelten zwar als winterhart, sind aber dennoch für eine Abdeckung recht dankbar. Sie sind dadurch auch dem Zugriff ungebetener Wintergäste namens Hasen und Wildkaninchen weitgehend entzogen, und die Ernte wird erleichtert.

Zum Schluß sei für besonders Interessierte noch ganz kurz über ein recht außergewöhnliches Verfahren zum Schutz vor Winterkälte berichtet: In Nordamerika ist eine Sonderform der Preiselbeere, die Cranberry *(Vaccinium macrocarpon)*, sehr beliebt. Sie gedeiht bevorzugt auf Böden, die in Regionen mit ausgesprochen winterkaltem Klima liegen, so daß für die etwa 30 cm hohen immergrünen Pflanzen ein entsprechender Winterschutz vorgesehen werden muß. Die Farmer schütten dazu rings um die Plantagen Dämme auf und überfluten die Kulturen. Die riesige Wärmemenge, die im Wasser steckt, bewahrt zusammen mit der Gefrierwärme (siehe Seite 91) die Pflanzen sicher vor Schäden, selbst noch bei den dort üblichen winterlichen Außentemperaturen bis zu unter –40 °C.

Bodenfrost

Viele Pflanzen ziehen sich zum Überwintern in den Boden zurück und treiben im Frühjahr aus dem Wurzelstock wieder neu aus. Und das erscheint gar nicht so ungeschickt, denn im Boden läßt sich die frostige Zeit so ziemlich gefahrlos überdauern. Ab einer Tiefe von 5 bis 10 cm sinkt bei uns die Temperatur nämlich kaum mehr unter –5 bis –6 °C, schon gar nicht, wenn Schnee liegt. Allerdings haben sich die Wurzeln diesem relativ milden Bodenklima angepaßt. Nur wenige Pflanzen würden heil davonkommen, wären ihre Wurzeln tieferen Temperaturen als –10 bis –12 °C ausgesetzt. Viele erfrieren schon bei viel leichteren Bodenfrösten: an empfindlichen Magnolien-Hybriden verursachen bereits –5 °C erhebliche Schäden; für Seidelbast, Hartriegel und empfindlichere Stechpalmen wird es ab –6 bis –7 °C gefährlich; bei –8 °C liegt die kritische Grenze für Eiben und Feuerdorn; unterhalb von –9 °C erfrieren die japanischen Fächerahorne; und gerade noch –10 °C kann man den empfindlicheren *Cotoneaster*-Arten, Schneeball, Buchs und Efeu zumuten. Wesentlich »kältere Füße« ertragen Thujen, verschiedene Eiben und die stabileren *Cotoneaster*-Arten. Bei ihnen treten Schäden erst unter –12 °C auf. Die wahren Kältekünstler aber sind der Kriechende Wacholder und verschiedene, insbesondere nordische Fichten und Tannen. Temperaturen bis unter –20 °C können ihre Wurzeln ertragen, aber solche Bodentemperaturen müssen erst einmal kommen!

Frostgare

Bisher haben wir nur Negatives über den Bodenfrost gehört, so soll wenigstens zum Schluß noch ein positiver Aspekt erwähnt werden – die Frostgare. Bei Bodenfrost bilden sich zwischen den Bodenteilchen Eiskristalle. Während langer Frostperioden können sie mehrere Millimeter groß werden. Der Grund für dieses Wachstum ist, daß es in tieferen Bodenschichten im Winter wärmer ist als an der Bodenoberfläche und dadurch wird ein stetiger Wasserdampftransport nach oben aufrechterhalten. Die Eiskristalle drängen die Bodenteilchen auseinander und nehmen uns damit das mühevolle Lockern des Bodens ab. Bei sehr schwerem Boden kann es allerdings des Guten zuviel werden, wenn nämlich der Boden dadurch vernäßt. Durch grobscholliges Umgraben im Herbst kann man das jedoch verhindern.

Überwintern von Kübelpflanzen und Balkonkästen

Zunächst muß man sich natürlich Klarheit darüber verschaffen, wann die Kübelpflanzen ins Winterquartier müssen. Naturgemäß sind die Exoten aus tropischer und subtropischer Herkunft die ersten. Zu ihnen gehören die Palmen und die Engelstrompeten (*Datura*-Arten). Sie dürfen unter keinen Umständen auch nur dem leichtesten Frost ausgesetzt werden. Etwas robuster sind die Pelargonien (landläufig auch Geranien genannt), die Fuchsien, die Myrten, die Zitrusgewächse und die Agaven. Temperaturen bis um den Gefrierpunkt machen ihnen im allgemeinen noch nichts aus. Sinkt das Quecksilber aber bis in den Frostbereich, dann können sie recht schnell erfrieren. Pflanzenarten aus dem Mittelmeerraum wie Oleander, Lorbeer und Kamelie, die auch in ihrer Heimat dann und wann auf einen Frost gefaßt sein müssen, verkraften durchaus einige Grad unter Null. Bodenfrost erweist sich allerdings auch für sie tödlich, weil sie als Immergrüne dann schnell vertrocknen. Für die Überwinterung haben Christian Seifert und Richard Keller (1983) einige wertvolle Regeln zusammengestellt:

- *Gut geeignete Räume* sind geheizte Gewächshäuser, ungeheizte Zimmer oder Flure im Haus, Treppenhäuser, Keller ohne Heizung und ohne durchlaufende Heizungsrohe, aber mit genügend Fenstern.
- Die Räume sollen *so hell wie möglich* sein, je dunkler sie sind, desto kühler sollte es sein.
- Die *günstigste Temperatur* liegt um +5 °C. Die Pflanzen im Winterquartier brauchen *viel frische Luft*, deshalb sollte man an frostfreien Tagen lüften.
- Gegossen wird nur soviel, daß *die Topfballen nicht austrocknen*. (Ausnahmen sind Kakteen und Agaven.) Je heller es ist, desto mehr Wasser muß gegeben werden.
- *Gedüngt* wird im Winter *nicht*.

Auch die Balkonkästen dürfen wir in diesem Zusammenhang nicht vergessen. Sie müssen unbedingt abgenommen werden, um Wurzelfröste an Stauden und Gehölzen zu vermeiden, denn bei den Kästen und Containern kann die Kälte der Luft von allen Seiten her in den Wurzelbereich eindringen. Am besten stellt man die Kästen und Tröge eng aneinandergereiht auf einer dicken Styroporplatte (als Kälteschutz von unten) in eine geschützte Ecke des Balkons oder noch besser in eine Mauernische und umgibt sie mit Rupfen, Laub oder anderem Isoliermaterial. Dadurch erreicht man einen gewissen Kälteschutz an den Seiten. Sonnenbestrahlung im Winter kann tödlich sein, deshalb die Gefäße unbedingt abschatten. Vergessen Sie nicht, regelmäßig zu gießen, aber bitte *nicht* mit warmem Wasser, welches die Winterruhe brechen würde. Große, festmontierte Balkonpflanztröge kann man, bevor man sie mit Erde füllt, wenigstens ringsum mit Styropor oder Steinwollmatten auslegen, um dem Frost das Eindringen zu erschweren. Die Stadtgärtner machen es mit ihren Pflanztrögen ebenso. Einen absolut sicheren Schutz bedeutet das aber leider nicht.

Wasserleitungen und Brunnen

Denken Sie, wenn Sie Ihren Garten winterfest machen, nicht nur an das lebende Inventar, sondern auch an Dinge wie Wasserleitungen und Pumpbrunnen. Die Rohre müssen entleert werden, damit sie nicht unter dem Druck des in ihnen entstehenden Eises bersten. Dazu riegelt man zuerst das in den Garten führende Wasserrohr ab und dreht dann im Freien alle Wasserhähne auf. Jetzt kann man das Rohr durch das eigens dafür angebrachte Hähnchen leerlaufen lassen. Brunnen schraubt man ab. Bei dieser Gelegenheit kann man dann auch gleich die Dichtungen erneuern.

Spätfrost

Damit meint man die Fröste, die im Mai an der Schwelle zur warmen Jahreszeit oft gerade während der Obstblüte hereinbrechen und unter der

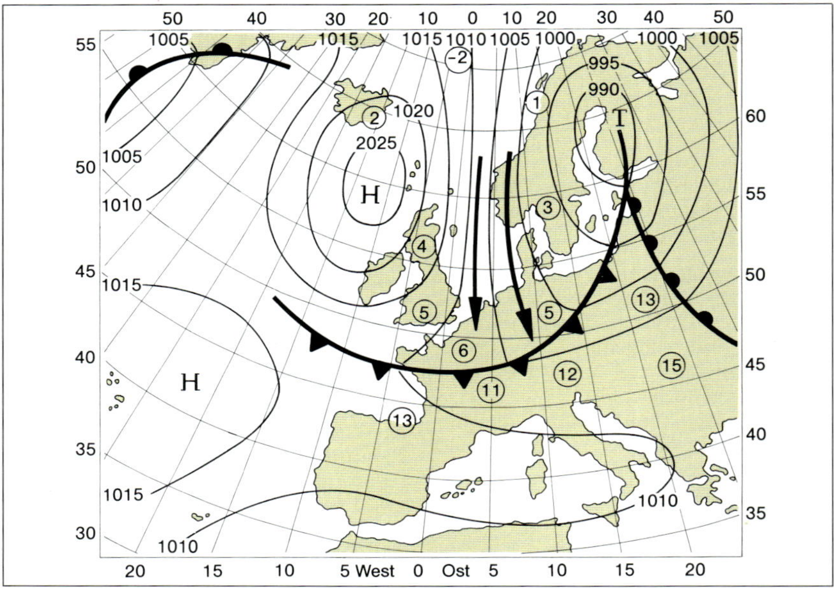

schon auf Wachstum eingestellten Natur unter Umständen schwere Schäden anrichten. Über das mittlere Datum der letzten Fröste gibt die Tabelle auf Seite 77 Auskunft. Man muß aber in den einzelnen Jahren mit deutlichen Abweichungen von diesem Datum rechnen. Während in besonders günstigen Jahren der letzte Frost schon 3 bis 4 Wochen vor dem genannten Termin eintritt, kann es leicht passieren, daß noch 4 Wochen danach ein frostbringender Kaltlufteinbruch erfolgt.

Spätfrost-Wetterlagen

Es ist doch eigentlich etwas verwunderlich, daß ausgerechnet im Wonnemonat Mai so oft noch Minustemperaturen auftreten. Der Grund dafür ist, daß sich gerade zu dieser Zeit gerne eine Wetterlage einstellt, die der polaren Kaltluft das Tor nach Mitteleuropa weit öffnet. Die Abbildung auf dieser Seite zeigt eine Wetterkarte, in der diese Lage schematisch dargestellt ist. Wesentliches Merkmal sind darin zwei auffallende Druckgebilde: ein Hoch, zu erkennen am »H«, dessen Zentrum nordwestlich der Britischen Inseln liegt und ein Tief, »T«, mit Schwerpunkt über Skandinavien. Nun sind Hochs und Tiefs nichts anderes als gewaltige Luftwirbel mit unterschiedlicher Rotationsrichtung: Um das Tief geht es linksherum, also entgegen dem Uhrzeigersinn, und ums Hoch rechtsherum, mit dem Uhrzeiger. Sie merken sicher schon, worauf das Ganze hinausläuft. Zwischen unseren beiden Druckgebilden kann eiskalte Polarluft wie auf einem Förderband mitten in das Herz Europas gelangen. Erst die Alpen und die Pyrenäen stellen sich als Barriere in den Weg und halten den Kaltluftschwall vom Mittelmeerraum ab. Gäbe es die beiden Gebirge nicht, würde es auch in Südeuropa sehr viel öfter Spät-

Schematisierte Spätfrost-Wetterlage. Die Pfeile zeigen den Weg der polaren Kaltluft.

Die Ziffern in Kreisen geben die Lufttemperaturen an.

fröste geben. Die geschwungene Linie mit den spitzen Zacken in der Wetterkarte stellt die Front der eindringenden Kaltluft dar. Die Meteorologen nennen sie deshalb »Kaltfront«.

Kaltluftbildung und Kaltluftfluß

In vielen Fällen kommt die Polarluft aber noch keineswegs mit Minustemperaturen bei uns an. Erst die strahlungsbedingte (siehe Seite 35) Abkühlung in der Nacht drückt die Temperatur unter die Null-Grad-Marke. Im Wetter-Jargon heißt das dann »Kaltluftbildung«. In einer windstillen, sternenklaren Nacht ist die Gefahr dafür besonders groß. Bei bewölktem Himmel, bei Wind, Regen- oder Schneefall braucht man keine so große Angst vor Frost zu haben. Die Kaltluftbildung ist ein sehr vielschichtiges Problem und hat deshalb schon ganze Legionen von Meteorologen zu intensiven Forschungsarbeiten angeregt. Besonders in den Fünfziger Jahren mit ihren häufigen Spätfrost-Katastrophen wurden dazu wichtige Erkenntnisse gewonnen. So weiß man, daß sich Kaltluft dort besonders leicht bilden kann, wo der Boden keine Wärme gespeichert hat, oder aber wo die gespeicherte Wärme nicht aus dem Boden herauskann. Das ist besonders dann der Fall, wenn der Boden, wie zum Beispiel in Mooren, sehr humusreich ist, wenn er locker und wenn er trocken ist. Eine zusätzliche Wärmebarriere stellen alle Arten von Bodenabdeckungen dar: angefangen von Unkrautwuchs, über den Rasen bis hin zu den sonst so hoch gelobten Mulchabdeckungen. Sie alle enthalten sehr viel Luft, die ja bekanntlich extrem gute Wärme-Isoliereigenschaften besitzt. (Im Prinzip verhalten sich die Bodenabdeckungen genauso wie eine Schneedecke, siehe Seite 81.) Man spricht dann gerne von »Kaltluftquellen«. Gewässer, Wälder und bis zu einem gewissen Grad auch unbebauter, nicht gelockerter Boden dagegen verhindern die Bildung von Kaltluft.

Kaltluftfluß

In vielen Fällen ist aber ein Spätfrost überhaupt nicht »hausgemacht«, dann nämlich, wenn die frostbringende Kaltluft von irgendwoher aus der Umgebung zufließt. Sie hat die bemerkenswerte Eigenschaft, sich wie ein zäher Brei berg- und hügelabwärts zu wälzen. Der Grund für dieses Verhalten ist darin zu sehen, daß sie wegen ihrer tiefen Temperatur schwerer ist als die Umgebungsluft und deshalb immer an die tiefsten Stellen im Gelände fließen möchte. Die tiefsten Stellen, das sind die Talböden, Mulden, Kessel und jede Art von Einschnitten. Sie bilden die Sammelstellen, an denen die Kaltluft zu regelrechten »Kaltluftseen« zusammenfließt und wo naturgemäß die schlimmsten Spätfröste wüten. Kaltluftseen steigen um so höher an, je enger die Geländevertiefung und je weitläufiger das Einzugsgebiet ist. Allgemeingültiges läßt sich dazu allerdings nicht sagen. Man kann aber die Obergrenze eines Kaltluftsees im Einzelfall oft an der Höhe des Talnebels erkennen. Umgekehrt stellen alle aus

Frostwirkungen an einem flachen Hang.

Unten: Mit Hilfe von Geländemodellen kann man den Kaltluftfluß simulieren.

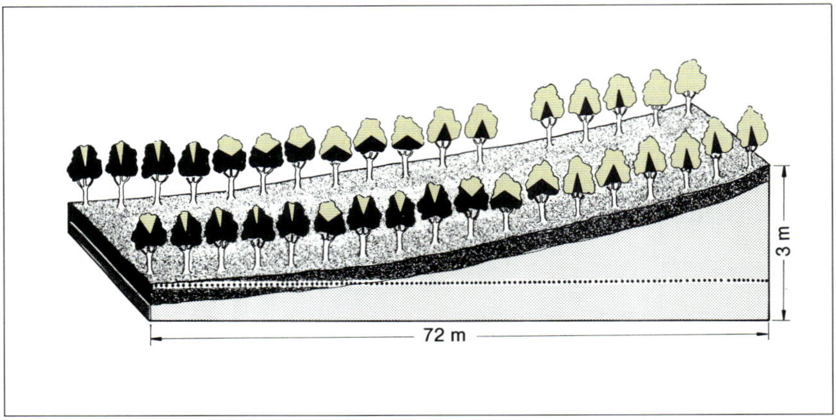

einer Mulde oder einem Tal herausragenden Geländelagen ausgesprochene Wärmeinseln dar.

Aber Vorsicht, verehrter Leser, nicht nur steile Hänge und enge Täler lassen die Kaltluft in Bewegung geraten. Schon geringste Neigungen reichen aus, sie abgleiten zu lassen. Die Abbildung zeigt einen Obstgarten an einem Hang mit nur etwa 4 Prozent Steigung. Darin stehen Pfirsichbäume, über die ein Spätfrost hereingebrochen ist. An jedem Baum ist der Anteil der erfrorenen Blüten schwarz, der der heil gebliebenen weiß eingezeichnet. Man glaubt in diesem Bild förmlich das Ufer des Kaltluftsees erkennen zu können. Er ist kaum 2 m tief. Man hat schon eindeutige Kaltluftflüsse bei weniger als 1 Prozent Hangneigung nachweisen können.

Oft wird ein Kaltluftstrom auf seinem Weg durch allerlei Hindernisse aufgehalten, zum Beispiel von quer zur Strömungsrichtung stehenden Häuserreihen, Hecken, Mauern oder Zäunen sowie Eisenbahn- oder Straßendämmen. Vor ihnen staut sich die Kaltluft zu regelrechten kleinen Seen auf, deren Tiefe von der Hindernishöhe abhängt. Innerhalb des »Stausees« liegt das

Das Aufforsten der Weinberg-Kuppen schützt die Rebanlagen vor Kaltluftzufluß.

Frostrisiko natürlich erheblich höher als dahinter. Das gilt aber nur, solange der See nicht »überschwappt«. Wird das Hindernis erst einmal überspült, dann unterscheiden sich die Temperaturen davor und dahinter kaum noch.

Dieses Verhalten der Kaltluft eröffnet uns die Möglichkeit, sie bequem zu steuern. Also versuchen wir, sie um gefährdete Pflanzungen elegant herumzuführen. So schützt eine Baum- oder Strauchreihe, schräg zum Hang angelegt, das darunterliegende Gelände außerordentlich erfolgreich, weil die abwärts fließende Kaltluft seitlich daran vorbeigeleitet wird.

Für die Landschaftsplanung baut man originalgetreue Modelle des zu gestaltenden Geländes und läßt zur Simulation von Kaltluftflüssen zähe Flüssigkeiten, wie etwa Tapetenkleister, darüberlaufen. Man kann damit die Wirkung geplanter Maßnahmen exakt vorhersagen oder durch gezielte Versuche die beste von mehreren Gestaltungs-Möglichkeiten heraussuchen.

Am besten ist es natürlich, Kaltluft erst gar nicht entstehen zu lassen. Die Winzer, etwa an der Mosel, forsten deshalb die Kuppen ihrer Weinberge häufig auf und bewahren so ihre Rebflächen weitgehend vor Kaltluftzufluß.

Regeln für die Spätfrostbekämpfung

Vorsorgliche Maßnahmen

- Schauen Sie sich in Ihrer Umgebung nach Kaltluftquellen um und überlegen Sie sich daraufhin, ob die abfließende Kaltluft ihren Garten erreichen kann.
- Ist das der Fall, dann sollten Sie (besonders bei einem weitläufigen Einzugsgebiet) daran denken, den Kaltluftstrom mit einer Baumreihe oder Hecke umzulenken.
- Lassen Sie dazu nicht das Sankt-Floriansprinzip walten, sondern versuchen Sie, mit Ihren Nachbarn zusammen eine gemeinsame Lösung zu finden. Bei Fragen hilft der Deutsche Wetterdienst.
- Prüfen Sie, ob Ihr Boden besonders frostgefährdet ist.
- Ist das der Fall oder läßt sich ein eventueller Kaltluftstrom nicht umlenken, sollten Sie sich kritisch überlegen, ob Sie nicht besser auf die eine oder andere empfindliche Obst- oder Beerenart verzichten sollten.
- Entfernen Sie im Frühjahr unter den Bäumen Unkraut und Mulchreste, halten Sie den Rasen kurz und lokkern Sie den Boden nicht, solange noch Frostgefahr besteht.
- Frostempfindliche Gemüsearten wie zum Beispiel Tomaten, Paprika, Kürbis, Gurken und Melonen dürfen nicht vor Ende Mai ins Freiland gepflanzt werden. Denken Sie auch daran, daß das Laub von Bohnen, Zuckermais und Kartoffeln besonders frostgefährdet ist.

Neben der Vorsorge gibt es noch eine ganze Reihe von sehr wirksamen Verfahren zur Spätfrostbekämpfung. Sie bleiben jedoch üblicherweise den Profis vorbehalten. Das einzige, was auch für uns Hobbygärtner in Frage kommt, ist das Abdecken. Es eignet sich nicht nur für Beete und Rabatten, auch Bäumchen und kleine Sträucher kann man mit einem übergestülpten Plastik- oder Papiersack schützen.

Das Abdecken wirkt in zweierlei Hinsicht. Einerseits versperrt das Abdeckmaterial der Kaltluft den Zutritt. Andererseits stellt es für die Pflanze einen neuen Himmel dar, der mehr Wärmestrahlung aussendet, als die Luft es tut (siehe Seite 35). Wenn man die folgenden Regeln strikt einhält, kann man durch Abdecken Fröste bis –6 °C sicher bekämpfen.

Maßnahmen zur Frostbekämpfung

- Achten Sie auf den Wetterbericht und halten Sie Abdeckmaterial bereit, wenn von Frostgefahr die Rede ist. Wenn Sie selbst Temperaturen messen, werden Sie bald ein sicheres Gespür dafür bekommen, ob Ihr Garten schon bei der geringsten Frostneigung gefährdet ist, oder ob er als relativ frostsicher gelten kann.
- Beobachten Sie das Wetter und achten Sie darauf, ob sich die Wolken auflösen oder der Wind einschläft. Die Frostgefahr steigt dann.
- Sofern Sie selbst eine Wetterstation haben, können Sie nach der Taupunktsregel (siehe Seite 39f.) das Frostrisiko abschätzen. Vorsicht aber vor Kaltluftflüssen!

Frostschutzberegnung: das gefrierende Wasser hält die Pflanzen warm.

- Als Abdeckmaterial kommt Stoffgewebe, Zeitungs- oder Packpapier und Kunststoffolie in Frage; Polyethylenfolien sind weniger geeignet (sie lassen nämlich die Wärmestrahlung beinahe ungehindert passieren).
- Leichte Materialien sollte man etwas befestigen, damit sie der Wind nicht wegwehen kann.
- Undurchsichtige Materialien müssen am Morgen, wenn die Temperatur wieder über 0 °C gestiegen ist, entfernt werden, durchsichtige können auch mehrere Tage lang auf den Pflanzen bleiben.

Zum Schluß für besonders Interessierte noch ein Wort über die im Obst-, Garten- und Weinbau so erfolgreich eingesetzte, aber in ihrer Wirkungsweise etwas undurchsichtige Frostschutzberegnung. Bei dieser Maßnahme werden die Pflanzen die ganze Frostnacht über von einer Beregnungsanlage im Rhythmus von wenigen Minuten mit Wasser besprüht. Während es gefriert, wird die sogenannte »Erstarrungswärme« freigesetzt. Sie beträgt je l Wasser 335 kJ und bewirkt, daß die Temperatur an den Pflanzen nicht unter 0 °C sinkt. (Die Umkehrung dieses Effektes kennen wir vom Sektkübel her: Dort steigt die Temperatur nicht *über* 0 °C, solange schmelzende Eisbrocken vorhanden sind.) Da diese »Heizung« nur während des Gefriervorganges wirksam ist, muß dafür gesorgt werden, daß ständig flüssiges Wasser vorhanden ist. Die Beregnungsanlage muß also ununterbrochen laufen, sonst funktioniert das Verfahren nicht. Dadurch bilden sich an den Pflanzen mächtige Eispanzer, die besonders Bäume arg belasten können. Dafür lassen sich damit aber Fröste bis –6 °C erfolgreich bekämpfen.

Wind

Kürzlich habe ich einen kleinen Buben beobachtet, wie er vor der im Wind flatternden Wäsche stehend zu seiner Mutter sagte: »Gell' Mami, der Wind ist eine Luft, die es besonders eilig hat.« Und damit hatte der Knirps eigentlich das Wesentliche gesagt. In der Tat ist Wind nichts anderes als bewegte Luft.

Entstehung des Windes

Natürlich stellt sich dann gleich die Frage, was denn die Luft dazu veranlaßt, sich auf den Weg zu machen. Überlegen Sie doch einmal, warum die Luft aus einem Luftballon entweicht, wenn man das Ventil aufmacht. »Ganz einfach«, höre ich Sie sagen, »weil im Ballon der Druck größer ist als draußen.« Und genau das ist »des Pudels Kern«. In der Tat weht Wind überall dort, wo Unterschiede im Luftdruck vorhanden sind. Er transportiert Luft vom Bereich höheren Druckes in den Bereich niedrigeren Druckes und gleicht damit die Unterschiede aus. Je größer der Druckunterschied ist, desto heftiger bläst der Wind. Auch das können wir an unserem Luftballon beobachten: Je praller er aufgeblasen ist, desto schneller zischt die Luft wieder heraus. Wenn wir uns jetzt noch klarmachen, daß warme Luft leichter ist als kalte und deshalb mit einem geringeren Druck auf dem Boden lastet, dann ergibt sich als Windrichtung ganz zwangsläufig »von Kalt nach Warm«. Am Tag weht der Wind also an der Küste vom kühlen Meer zum warmen Land, im Binnenland vom Umland in die überhitzte Stadt hinein und vom kühlen Wald zu einem benachbarten heißen Getreidefeld hinüber.

Bei sehr großräumigen (ab etwa 100 km) Luftdruck-Unterschieden, wie denen zwischen den Hoch- und den Tiefdruckgebieten, versagt unser »Luftballon-Prinzip« allerdings, zumindest was die Strömungsrichtung betrifft. Infolge der Erdrotation wird nämlich der Wind, wenn er sich vom Hoch in Richtung Tief auf den Weg macht, so lange von seiner Zielrichtung nach rechts abgelenkt, bis er schließlich quer dazu weht, also Hoch und Tief wirbelartig umkreist. Wie man sich leicht überlegen kann, geht's dann um das Hoch mit und um das Tief gegen den Uhrzeigersinn herum (siehe Abbildung Seite 86). Was die Geschwindigkeit anbelangt, bleibt unser Luftballonprinzip jedoch weiterhin gültig: je größer die Druckunterschiede, desto stürmischer der Wind. Da die stärkeren Winde von Hoch- und Tiefdruckgebieten herrühren, kann man die vorhin genannten kleinräumigen nur bei ruhigem Wetter beobachten.

Natürlich habe ich die Verhältnisse jetzt gewaltig vereinfacht dargestellt. Aber dadurch sind sie sicher ein gutes Stück verständlicher geworden.

Windrichtung und Windstärke

Der Wind hat demnach eine bestimmte Stärke und eine Richtung. Als Richtung gilt die, aus der er kommt: Der Ostwind kommt also aus Osten und der Seewind von der See her. An Rauhreiffahnen kann man manchmal sehen, aus

An der Rauhreiffahne kann man die Windrichtung ablesen: Die »Fahne« wächst immer dem Wind entgegen.

welcher Richtung der Wind die Wassertröpfchen herangetragen hat. Die Windstärke wird nach der Beaufort-Skala geschätzt. Sie ist nach ihrem Erfinder, Admiral Beaufort, benannt.

Einfluß des Geländes auf den Wind

Wenn man den Wind voller Temperament um die Hausecke pfeifen hört, ahnt man nicht, wie leicht und wie stark er sich von der Umgebung beeinflussen läßt. Hügel, Täler oder Berge, Häuser und die gesamte Vegetation bremsen ihn, drängen ihn aus seiner Bahn oder lassen Wirbel und Böen entstehen. Je unebener die Erdoberfläche ist, desto stärker dirigiert sie ihn. Lediglich über die glatte, windschlüpfrige Meeresoberfläche gleitet die Luft praktisch ungestört dahin. Ein paar Zahlen mögen das belegen: Auf Helgoland weht der Wind im Jahresdurchschnitt mit Stärke 5, auf den ostfriesischen Inseln erreicht er nur noch 4, bis zum flachen Norddeutschen Tiefland ist seine durchschnittliche Stärke schon auf 3 abgesunken und im Oberrheingraben bringt der Wind es noch auf kümmerliche 2 Punkte auf der Windstärkeskala. So erklärt sich ganz zwangsläufig, warum in See- und Küstengebieten der Wind beständiger und stärker weht als im Landesinneren und warum es auf See öfter schwere Stürme gibt als im Binnenland. Wegen des abnehmenden Einflusses der Bodenreibung wächst die Windgeschwindigkeit mit zunehmender Höhe. Im Mittel weht der Wind in 200 m Höhe etwa zweimal und in 2000 m Höhe etwa dreimal so stark wie im Tal. Wir können uns also die Regel merken: Je höher oben und je näher am Meer wir uns aufhalten, desto windiger ist es.

Bestimmte Geländeformen führen zu einer ausgesprochenen Windverstärkung. Man braucht nur an die Düsenwirkung von Talverengungen oder Häuserschluchten in Großstädten zu denken. Der Grund dafür ist, daß sich die Luft vor einer Engstelle staut. Das führt zu erhöhtem Luftdruck vor und vermindertem hinter der »Düse«. Was das bedeutet, wissen wir von unserem Luftballonversuch: Die Strömungsgeschwindigkeit wird besonders groß. Umgekehrt nimmt natürlich der Wind wieder ab, wenn sich das Tal weitet.

Unser Bild zeigt die Verhältnisse an vereinfachten Geländemodellen. Links oben sehen wir eine Talverengung, in der die zusammengedrängten Stromlinien die düsenartige Windverstärkung

Einfluß des Geländes auf den Wind.

Windstärke und Windwirkung (Beaufortskala)

Windstärke	Bezeichnung	Auswirkungen des Windes	km/h
0	still	Windstille, Rauch steigt gerade empor	unter 1
1	leiser Zug	Windrichtung nur am Rauch zu erkennen	1– 5
2	leichter Wind	Wind fühlbar, Blätter säuseln	6– 11
3	schwacher Wind	Blätter und dünne Zweige bewegen sich	12– 19
4	mäßiger Wind	hebt Staub auf, bewegt Zweige	20– 28
5	frischer Wind	bewegt größere Zweige, ist unangenehm	29– 38
6	starker Wind	bewegt starke Äste, klappt Schirme um	39– 49
7	steifer Wind	Bäume in Bewegung, erschwert das Gehen	50– 61
8	stürmischer Wind	bricht Zweige ab, behindert das Gehen	62– 74
9	Sturm	kleinere Schäden an Häusern	75– 88
10	voller Sturm	entwurzelt Bäume, Schäden an Häusern	89–102
11	schwerer Sturm	verbreitete Sturmschäden	103–117
12	Orkan	schwerste Verwüstungen	über 118

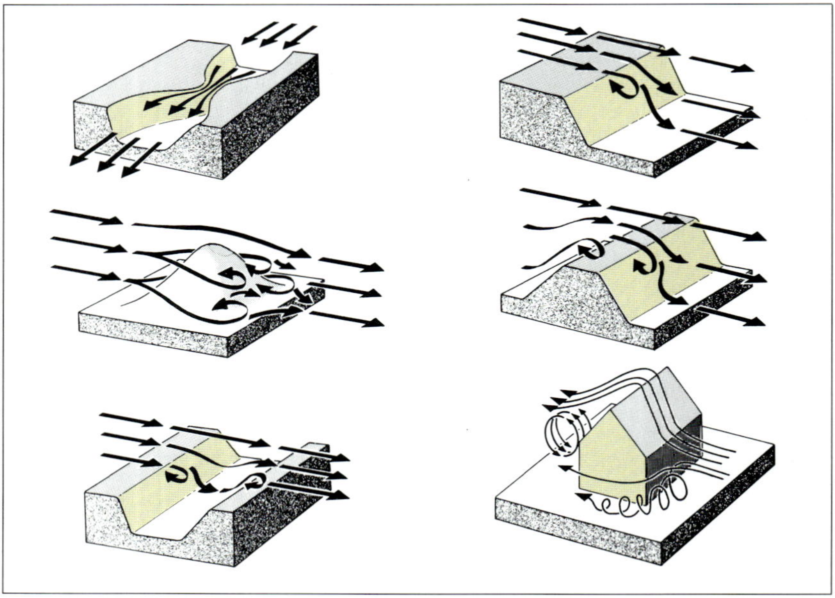

Stärkewindrosen von Hannover und Trier.

sichtbar machen. Windverstärkung tritt überall im Gelände auf, wo Stromlinien eng zusammenrücken müssen, also auch über Hochebenen (rechts oben), an Bergrücken (rechts Mitte) und beiderseits von quer überströmten Taleinschnitten (links unten).

Überall, wo der Wind über Kanten streicht oder von Hindernissen zerschnitten wird, bilden sich Wirbel. Im kleinen passiert das an Hausecken oder Mauerkanten, an Zaunlatten, Drähten der Telefonleitungen oder Ästen und Zweigen der Bäume. Diese Wirbel sind es, die die Drähte singen und den Sturm heulen lassen. Sie regen nämlich die Luft zu Schwingungen an, die unser Ohr wahrnehmen kann. Man nennt dieses Phänomen »Leewirbel«. Solche Wirbel bilden sich auch im Gelände, allerdings sind sie dort viel größer und äußern sich deshalb nicht als hörbarer Schall sondern in Form plötzlicher, kräftiger Windstöße aus unterschiedlichen Richtungen – kurz als »Böen«. An den runden Pfeilen in unseren Geländemodellen sieht man, wo solche Wirbel besonders gerne auftreten: hinter Hügeln (links Mitte), dort wo eine Hochebene in einen Hang übergeht (rechts oben) oder dort wo ein Hang zur Hochebene abflacht (rechts Mitte). Quer überströmte Täler (links unten) und Bergrücken (rechts Mitte) darf man sich aus den genannten Geländeformen zusammengesetzt denken und findet deshalb Böen an den entsprechenden Stellen. Auch hinter Straßen- und Eisenbahndämmen, Waldrändern, dichten Strauch- und Baumreihen, Mauern und Häusern entstehen Leewirbel. Häuser und ähnliche Objekte werden in außerordentlich komplizierten Bahnen umströmt (rechts unten).

Das Gelände beeinflußt aber nicht nur die Windstärke, sondern auch seine Richtung. In Mitteleuropa sind die häufigsten Windrichtungen West und Südwest, gefolgt von Nordwest. (Das läßt sich bildlich darstellen, indem man Windrosen zeichnet, deren Richtungspfeile um so länger sind, je öfter der Wind aus der betreffenden Richtung weht. Man spricht von sogenannten Stärkewindrosen.) Hannover hat eine Art Normal-Verteilung aufzu-

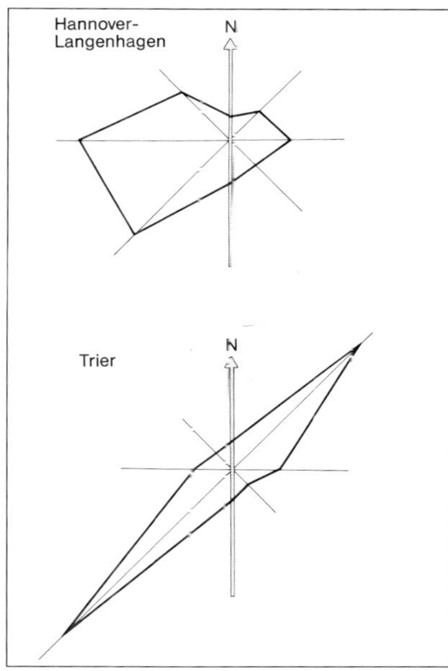

Bei Wind verformt sich das Geäst stromlinienförmig und verkleinert so den Strömungswiderstand.

Rechte Seite: Stürme können selbst mächtige Bäume entwurzeln.

weisen. Doch um wieviel anders sehen die Verhältnisse in Trier aus! Das enge Moseltal zwingt den Wind nicht selten auf seine von Südwest nach Nordost verlaufende Richtung einzuschwenken. Und ähnlich wie das Moseltal wirken sich auch viele andere Flußtäler aus, nur eben nicht ganz so kraß. Je enger und je tiefer ein Tal ist, desto stärker beeinflußt es die Windrichtung.

Nützliche und schädliche Eigenschaften des Windes

Was hat nun der Wind dem Hobbygärtner zu bedeuten? – Gutes und Schlechtes! Beginnen wir mit dem Guten.

Erwünschte Windwirkungen

Der Wind trocknet im Frühjahr den Boden rasch soweit ab, daß man ihn bearbeiten kann. Nach Regenfällen hilft der Wind mit, das Wasser von den Blättern zu verdunsten und bewahrt sie dadurch vor dem Befall mit Pilzkrankheiten (siehe Seite 54). Stehende Luft und damit die Ausbreitung von pilzlichen Erregern wollen wir zum Beispiel auch dann vermeiden, wenn wir Tomatenpflanzen von unten her entblättern. Der durchstreifende Wind sorgt für trockene Stengel. Ohne Wind könnten außerdem viele Pflanzen nicht bestäubt werden. Eine leichte Luftbewegung stimuliert die Pflanzen, Feuchtigkeit an die Luft abzugeben. Dazu ist von den Wurzeln her ein ständiger Nachschub erforderlich, mit dem gleichzeitig die lebensnotwendigen Nährstoffe herangeschafft werden (siehe Seite 55). Und wer hätte schließlich nicht bei der Gartenarbeit schon die wohltuende Wirkung des Windes am eigenen Leibe verspürt.

Sturmschäden

Der Wind kann dem Hobbygärtner aber auch ein sehr unfreundliches Gesicht zeigen, besonders wenn er zum Sturm anschwillt. Abgedeckte Dächer, geborstene Fenster- oder Gewächshausscheiben und abgebrochene Äste gehören zur traurigen Bilanz so mancher sommerlicher Gewitterstürme. Obwohl die Luft als etwas Leichtes, ja Gewichtsloses empfunden wird, kann der Wind enorme Kräfte entwickeln. Ein Sturm der Stärke 9 kann auf eine 1 m^2 große Oberfläche einen Druck ausüben, der einem Gewicht von knapp 40 kg gleichkommt. Mit der gleichen Kraft zerrt der Wind an einer Fläche, über die er längs hinwegpfeift.

Es wäre jedoch ein Irrtum zu glauben, das Entwurzeln der Bäume ließe sich auf diese Kräfte zurückführen. Bäume verbiegen nämlich ihre Äste im Wind gerade so, daß ein stromlinienförmiges Profil entsteht, das ja bekanntlich besonders windschlüpfrig ist. Damit entziehen sie sich weitgehend der Gewalt des Sturmes. Wie kommt es aber dann doch zu dem gefürchteten Windwurf? Das hängt mit der Böigkeit zusammen. Machen wir uns die Zusammenhänge an einem ganz anderen Objekt klar, nämlich an einer Volksfestschaukel. Gibt man ihr stets im richtigen Augenblick einen Stoß, so schwingt sie immer höher und höher. Und wer ein richtiges Mannsbild ist, der schafft schließlich sogar einen Überschlag (und läßt sich von den herumstehenden Mädchen bewundern). Ein Baum verhält sich im Prinzip genauso wie eine Volksfestschaukel: er schwingt ebenfalls hin und her, und wenn ihm die Windböen gerade immer im rechten Augenblick einen erneuten Schupps verpassen, werden seine Schwingungen immer ausladender. Das kann soweit gehen, daß das Holz der Belastung nicht mehr standhält und bricht – oder aber sich das Wurzelwerk so weit lockert, daß der Baum umstürzt. In einem sandigen oder sehr weichen Boden kann das leichter passieren als in einem trockenen, festen, schweren.

Einen Schutz vor echten Stürmen gibt es im Hobbygarten praktisch nicht. Daß man Jungbäumen mit einem oder besser zwei Stützpfählen Halt gibt, ist ohnehin selbstverständlich, nicht nur bei Sturm.

Schäden durch beständigen Wind

Nicht so augenfällig, in ihren Auswirkungen aber nicht zu unterschätzen, sind die Schäden, die beständige

Winde mittlerer Stärke verursachen können. Zunächst seien da die Bodenverwehungen genannt. Sie treten besonders in einem trockenen Frühjahr auf, wenn der Boden noch unbedeckt ist. Ab Windstärke 6 muß man damit rechnen. Leichte Sandböden und humusreiche Moorböden sind besonders gefährdet. Ist die oberste Bodenschicht erst einmal fortgeblasen, so schafft sich der Wind durch Austrocknen der Bodensubstanz und Zerreiben kleiner Bodenkrümel rasch neues verwehbares Material. Am sichersten kann man sich davor schützen, indem man den Boden stets bedeckt hält. Während der besonders gefährdeten Zeit im Frühjahr haben sich Mulchdecken oder die Reste einer herbstlichen Gründüngung als sehr nützlich erwiesen (siehe Seite 45f.).

Wo beständiger frischer bis starker Wind aus immer der gleichen Richtung weht, kann es im Lauf der Zeit zu ganz erheblichen Verformungen der Baumkronen kommen. Mit den Kronen werden auch die Stammquerschnitte deformiert, worunter natürlich der gesamte Stofftransport zu leiden hat.

Und dann gibt es eine ganze Reihe von nachteiligen Wirkungen des Windes, die sogar schon bei verhältnismäßig geringer Geschwindigkeit voll zum Tragen kommen: Zunächst einmal kann anhaltender Wind zu einer verstärkten Austrocknung und Verhärtung des Bodens führen, was wir mit erhöhtem Aufwand an Gießarbeit und je nach Bodenart recht mühevollem Lockern des Bodens bezahlen müssen. Auch junge Triebe, insbesondere die von Nadelgehölzen, können bei beständigem Wind unter Verdunstungsstreß kommen. Das hemmt ein zügiges Wachstum und steigert die Empfindlichkeit gegen Pflanzenkrankheiten. Zweitens bläst der Wind gerne den Schnee fort und legt dadurch den Boden bloß. Damit sind niedrige Staudengewächse der Winterkälte schutzlos preisgegeben (siehe Seite 81ff.). Auch die Immergrünen wie Rhododendren und Koniferen haben unter den austrocknenden winterlichen Winden schwer zu leiden. Bei übermäßiger Belastung des Wasserhaushaltes können diese Pflanzen sogar der Frosttrocknis (siehe Seite 78) zum Opfer fallen. Vor allem aber während der Vegetationszeit kann sich der Wind recht nachteilig auswirken – und das ist eigentlich sein folgenschwerster Effekt: er bläst nämlich die Wärme aus den Pflanzenbeständen heraus. Aus dem Kapitel

Vom Wind deformierte Baumkronen.

»Wärme« wissen wir, daß sich Pflanzen bei Sonnenschein recht spürbar über die Lufttemperatur erwärmen. Für praktisch alle Kulturen werden dadurch die Wachstumsbedingungen entscheidend verbessert. Und genau diese Wärme trägt der Wind mit sich fort. Die Folgen sind langsameres Wachstum, verspätete Reife und verminderte Erträge. Im Prinzip läuft dabei der gleiche Vorgang ab wie beim Ausblasen eines Streichholzes oder einer Kerze: Durch die vorbeistreichende Luft wird der Docht bzw. das Hölzchen bis unter die Zündtemperatur abgekühlt, so daß die Flamme erlischt.

Bei agrarmeteorologischen Untersuchungen hat sich gezeigt, daß windgeschützte Pflanzen um bis zum 5 °C wärmer bleiben können. Man sieht also, daß es schon der Mühe wert ist, darüber nachzudenken, ob nicht im Garten die eine oder andere Windschutzmaßnahme sinnvoll wäre.

Windschutz

Wann ist Windschutz sinnvoll?

Im Prinzip ist im Hobbygarten der Windschutz nie falsch! Praktisch alle unsere Gemüsearten, die Beeren und die Sommerblumen lieben die Wärme und sind deshalb für einen windgeschützten Standort dankbar, was sie mit besseren Ernteergebnissen zu honorieren wissen. Und schließlich möchten wir ja von unserer Arbeit auch etwas haben. Aus systematischen Untersuchungen weiß man, daß windgeschützte Gemüsebeete unter besonderen Bedingungen glatt doppelt so hohe Erträge bringen können wie windoffene. Für die besonders wärmebedürftigen Gemüsearten Tomaten, Paprika, Gurken, Zucchini, Kürbis und Melone ist – wenn man sich mit ihnen überhaupt ins Freiland wagt – der Windschutz ohnehin ein Muß. Natürlich ist ein »Windschirm« nicht überall gleich wichtig. An der Küste, in Flachländern, insbesondere in reibungsarmen Moorgebieten, sollte man auf alle Fälle an eine Windvorsorge denken. Das gleiche gilt im Hügelland der Mittelgebirge und der Voralpen. Überall, wo das Gelände Windverstärkungen hervorruft, oder wo es recht böig ist, sind Windschutzmaßnahmen dringend zu empfehlen. Vergleichen Sie einmal Ihre Umgebung mit dem Geländemodell auf Seite 89. Sie können dann schnell feststellen, ob Ihr Standort besonders windbelastet ist. Man darf hier auch mal eine Anleihe bei der Landwirtschaft und beim Erwerbsgartenbau machen: Wo man zwischen den Feldern häufige oder gar systematische Windschutzpflanzungen findet, wird man auch im Hobbygarten kaum ohne sie auskommen. Und findet man in der Umgebung gar Bäume, deren Kronen der beständige Wind bereits deformiert hat, dann ist Windschutz keine Frage mehr.

Im Windschatten von Wäldern, höheren Straßen- oder Eisenbahndämmen, Bergrücken oder Geländestufen wird man außerhalb der Böenzone (siehe unten) vielleicht eher darauf verzichten können. Auch Gärten mitten in Siedlungen oder in der Nachbarschaft hoher Bäume verlangen nur in recht

So wirkt eine Windschutzeinrichtung. (Abstand von der Windschutzeinrichtung im Vielfachen seiner Höhe)

zugigen Gebieten einen Windschutz. In vielen Fällen sind auch schon Windbremsen vorhanden, nur daß man sie eben nicht in jedem Fall gleich als solche erkennt. Man denke etwa an Häuser, Zäune, Mauern, Hecken oder Alleen. Selbst jeder Baum und jeder Strauch, ja sogar die natürlichen Geländeunebenheiten tragen zum Windschutz bei, wenn auch – wie wir gleich sehen werden – nicht immer in idealer Weise.

Nachdem wir uns jetzt Klarheit darüber verschafft haben, wo Windvorsorge angebracht ist, wollen wir uns nun Gedanken machen, wie denn eine Windschutz-Einrichtung eigentlich funktioniert.

Wie funktioniert Windschutz?

Für alle Windschutz-Einrichtungen gilt der Grundsatz: je höher desto weiter. Das bedeutet, je höher eine Windschutz-Einrichtung ist, desto größer ist ihre Reichweite. Die Zone, in der der Wind gebremst wird, ist sogar proportional zur Höhe der Schutzeinrichtung. Das heißt zum Beispiel, daß die Wirkung eines 5 m hohen Windschutzes fünfmal so weit reicht wie die eines 1 m hohen. Damit darf man die Entfernung zum Windschutz im Vielfachen der Höhe der Schutzeinrichtung angeben. Wie sich gleich zeigen wird, ist das außerordentlich praktisch.

In zweiter Linie wirkt sich auf die Reichweite aus, unter welchem Winkel der Wind gegen das Hindernis bläst. Bei senkrechtem Auftreffen ist das windgeschützte Areal am größten. Trifft der Wind mit einem Winkel von weniger als 45 °C auf, so schrumpft es um ein Drittel. Aber selbst ein parallel zur Schutzeinrichtung wehender Wind wird wegen der Reibung noch auf einer Fläche geschwächt, die doppelt so breit ist wie der Windschutz hoch. Es erscheint daher sehr wichtig, sich zu vergewissern, welches die Hauptwindrichtung ist, damit man die Schutzeinrichtung nicht völlig falsch anlegt.

Natürlich ergibt sich nicht überall die gleiche Winddämpfung. Sie beginnt, wie unsere Abbildung zeigt, bereits vor dem Windhindernis in einer Entfernung von etwa zehnmal der Hindernishöhe. Von dort aus geht die Windgeschwindigkeit stetig zurück, bis sie in etwa fünf bis sieben Hindernishöhen hinter dem Windschirm ihren Tiefstwert erreicht. Er liegt bei etwa 35 Prozent der Geschwindigkeit des ungebremsten Windes. Von dort an steigt die Windgeschwindigkeit wieder langsam an, und erreicht in einer Entfernung von etwa 30- bis 35mal der Hindernishöhe wieder den ungestörten Wert. Parallel zum Wind wird auch die Verdunstung reduziert. Ihr Minimum fällt in etwa mit dem Windminimum zusammen. Um ein rundes Viertel ist die Verdunstung dort gedrosselt. Der Niederschlag erfährt durch Windschutzmaßnahmen überwiegend eine Verstärkung bis zu 15 Prozent, lediglich unmittelbar an der Schutzeinrichtung geht er auf knapp 90 Prozent zurück. Die Bodenfeuchte spiegelt die Verteilung von Niederschlag und Verdunstung wider und zeigt zwei Maxima, ein kleineres mit einem Plus von etwa 10 Prozent unmittelbar vor und ein größeres mit plus 15 Prozent hinter

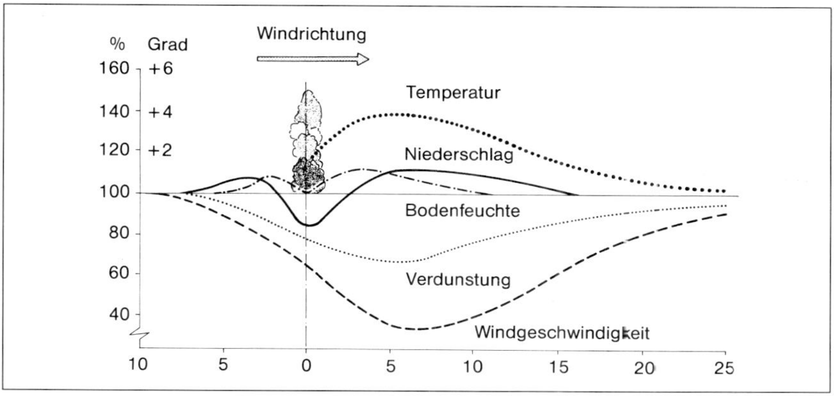

dem Windschirm. Die Temperatur schließlich liegt dort am höchsten, wo der Wind am schwächsten weht und deshalb am wenigsten Wärme fortblasen kann. 4 °C kann, wie man sieht, die Winddämpfung ohne weiteres an Temperaturgewinn bringen.

Nun wird es aber Zeit, darüber zu sprechen, was denn eigentlich als Windschutz dienen kann.

Was kommt als Windschutz in Frage?

Die oben beschriebenen Wirkungen erzielt man mit allen Schutzeinrichtungen, die zu etwa 40 bis 60 Prozent winddurchlässig sind. Der Grad der Durchlässigkeit läßt sich leicht mit dem Auge abschätzen, wenn man sie vor einem besonders hellen oder besonders dunklen Hintergrund betrachtet. Wenn ungefähr die Hälfte des Hintergrundes verdeckt ist, liegen wir richtig.

Vom Prinzip her ist es gleichgültig, ob man Pflanzungen anlegt, oder Schirme aus nicht-lebendem Material aufstellt. Bei Pflanzungen bieten sich zwei recht unterschiedliche Wege an: entweder man strebt eine Dauerlösung mit Hecken, Strauch-, Busch- oder Baumreihen an, vielleicht auch mit einer Staudenrabatte, ergänzt durch bunte Sommer- und Herbstblumen, mit Gewürzsträuchern (zum Beispiel Liebstöckel, Zitronenmelisse) oder vielleicht auch mit Spargel an. Oder man entscheidet sich für einjährige Lösungen mit nicht winterharten Pflanzen. Für eine Dauerlösung eignen sich alle Gehölze, die auch für Grundstücks-Einfassungen in Frage kommen und im örtlichen Klima gedeihen. Sehr reizvoll wirken natürlich gemischte Pflanzungen mit unterschiedlicher Struktur. Die Kataloge von Baumschulen, Gartencentern oder Versandgärtnereien geben dazu erschöpfende Auskunft. Windschutzhecken sollten nicht nach barocker Gartenmanier schnurgerade zugeschnitten werden. Eine unruhige Firstlinie mit einzelnen herausragenden Spitzen schwächt nämlich den Wind besonders nachhaltig.

Man muß sich darüber im klaren sein, daß es lange dauern kann, bis die endgültige Höhe und Dichte erreicht ist. Es wird also ein weites Vorausdenken notwendig sein. Ein Planungsfehler oder eine unerwartet notwendig werdende Änderung in der Gartengestaltung kann die Pflegearbeit vieler Jahre wertlos machen. Dafür schützt aber dann eine einzige Pflanzung dieser Art gleich die ganze Fläche oder

doch zumindest den ganzen Gemüsegarten, und gleichzeitig schafft man damit auch noch ideale Lebensräume für Vögel und andere Gartennützlinge. Natürlich muß man bedenken, daß laubabwerfende Pflanzen vor der Laubentfaltung sehr viel winddurchlässiger sind als danach.

Verwendet man für die Windschutzpflanzung einjährige Pflanzen, so kann man wenigstens von Jahr zu Jahr variieren und sich so dem Anbauplan anpassen. Außerdem läßt sich dafür eine ganze Reihe von Nutzpflanzen recht gut verwenden, was insbesondere in kleinen Gärten eine nicht zu unterschätzende Rolle spielt. Gut bewährt haben sich beispielsweise mittelhohe Sonnenblumen mit je einer Reihe einer niederwüchsigen Sorte davor und dahinter. Dadurch entsteht im Querschnitt ein dreieckiges Profil, das die Pflanzung windstabiler macht. Topinambur, (Zucker-)Mais und Stangenbohnen eignen sich ähnlich gut. Nicht ganz so hoch, aber doch sehr probat sind Rabatten mit Sommerblumen, Erbsen und schmale Getreidestreifen. Besonders pfiffig mag es sein, geeignete Mischkulturen anzulegen. Ein Beispiel wären Gurken mit Rosenkohlstreifen dazwischen. Der Phantasie sind hier keine Grenzen gesetzt.

Zur Gruppe der Windschutzpflanzungen gehören auch die Kletterpflanzen, die man an einem Maschendrahtzaun hochwachsen läßt, um ihn winddichter zu machen. Dabei muß man sich darüber im klaren sein, daß sich der Windeinfluß einjähriger Pflanzen infolge ihres Wachstums im Lauf der Vegetationszeit ständig ändert.

Schutzpflanzungen werden, wenn sie auch nur mit einem Minimum an Gespür angelegt sind, in keinem Garten störend wirken. Das kann man von nicht-lebenden Schutzschirmen längst nicht immer behaupten. Dafür kann

Ein Beet mit Sonnenblumen stellt eine hervorragende Windschutzpflanzung dar.

man sie genau an der Stelle plazieren, wo man sie gerade braucht, und hat auch sofort den vollen Schutz. Und wenn die windempfindliche Kultur abgeerntet ist, kann man auch den Windschirm wieder entfernen. Gute Erfahrungen hat man mit folgenden Materialien gemacht: lockere Kokos-, Bambus-, Rohr- oder Schilfmatten, Stangen oder Lattenzäune, feinmaschige Kunststoffnetze und Reisig. Matten und Netze müssen an Pfosten befestigt und mit Querleisten versteift werden. Die Abstände zwischen den Pfosten richten sich nach den Windverhältnissen. Gelegentlich werden auch hochgestellte Frühbeetfenster empfohlen. Sie sind sehr gut geeignet, wenn sich die Durchlässigkeit durch Verstellen der Fenster variieren läßt; anderenfalls darf man sie nicht in größeren Abständen als etwa drei Fensterhöhen aufstellen (siehe unten). Daß sie eine besonders gute Verankerung brauchen, ist selbstverständlich.

Was man sonst noch über Windschutz wissen sollte

Schutzeinrichtungen, die völlig winddurchlässig sind, wie Mauern, dichte Bretterzäune, Reihenhäuser, Waldränder (oder die oben genannten, nicht verstellbaren Frühbeetfenster) verhalten sich etwas anders als die vorhin beschriebenen. Sie drücken zwar die Windgeschwindigkeit bis auf fast 20 Prozent des Freilandwertes herunter, dafür entstehen aber in einer Entfernung von etwa drei bis acht Hindernishöhen hinter dem Windschirm extreme Leewirbel, die den gesamten Schutzeffekt in Frage stellen. Umgekehrt zeigen sehr lockere Materialien nur noch einen viel schwächeren Schutzeffekt.

Vorsicht heißt es bei Lücken in Windschutz-Einrichtungen! Sie wirken wie Düsen, hinter denen der Wind besonders böig werden kann. Notfalls muß man hinter einer Lücke noch eine zweite Schutzwand errichten.

Auch einige Nachteile sollen nicht verschwiegen werden. Windschutzanlagen werfen Schatten. Besonders dort, wo die vorherrschende Windrichtung West oder Südwest ist, sollte man das bedenken (siehe Seite 19ff.). Auch die Spätfrostgefahr ist in einem windgeschützten Garten etwas höher als in windoffenen Lagen. Infolge der Windschwächung wird die Abtrocknung des Bodens im Frühjahr leicht verzögert. Das gleiche gilt auch für die Pflanzen nach einem Regen. Zusammen mit der höheren Taumenge führt das zu einem etwas höheren Infektionsdruck für Pilzkrankheiten. Schließlich stellen Windschutzpflanzungen eine Nahrungskonkurrenz für die Gartenpflanzen dar (sofern sie nicht selbst aus Nutzpflanzen bestehen). Die Vorteile überwiegen jedoch die Nachteile bei weitem, so daß man sich nicht davon abbringen lassen sollte, im Garten Windschutzmaßnahmen vorzusehen.

Das Klima im ungeheizten Gewächshaus

Glashauseffekt

Eigentlich hätte dieses Kapitel auch ganz gut zum Abschnitt »Strahlung« gepaßt, denn das Klima im Gewächshaus hängt eng damit zusammen. Um es mit einem einzigen Satz zu sagen: Ein Gewächshaus ist ein »Gefängnis für Strahlungsenergie«. Doch gehen wir Schritt für Schritt vor. Die Sonnenstrahlung kann (siehe Seite 8) durch die Scheiben oder die Folien eines Gewächshauses mehr oder weniger ungehindert in das Haus eindringen. Je sauberer und durchsichtiger das Verkleidungsmaterial ist, desto weniger Licht geht verloren. Glas zum Beispiel läßt im Idealfall mehr als 90 Prozent durch. Die mit der Sonnenstrahlung ins Innere des Hauses gelangende Energie wird dort vom Boden, den Pflanzen und allen anderen Gegenständen absorbiert. Dadurch werden sie wärmer und wärmer und beginnen nun, wie wir bereits wissen, in zunehmendem Maße langwellige Wärmestrahlung auszusenden. Diese Strahlung aber – und das ist nun der eigentliche Glashauseffekt – kann die Scheiben nicht durchdringen. Ihre Energie wird im Haus festgehalten, wie in einem Gefängnis eben. Und schon haben wir die erwünschte Erwärmung des Haus-Innenraumes. Der gleiche Vorgang spielt sich auch in einem in der Sonne abgestellten Auto oder einem gläsernen Telefonhäuschen ab.

Folien verhalten sich der Wärmestrahlung gegenüber nicht ganz so zurückweisend wie Glas. Sie lassen einen mehr oder weniger großen Teil unbeeinflußt hindurchtreten, was natürlich zu einem Wärmeverlust führt. Insbesondere Polyethylenfolien verhalten sich in dieser Hinsicht recht wenig gärtnerfreundlich: fast drei Viertel der eingefangenen Wärme lassen sie wieder entkommen.

Wärmeverluste

Und dann gibt es noch etwas, was unseren Glashauseffekt beeinträchtigen kann. Das ist der Wind. Genauso wie der Fahrtwind das von der Sonne aufgeheizte Auto wieder auf erträgliche Bedingungen abkühlt, entzieht der vorbeistreichende Wind auch unserem Gewächshaus Wärme: durch Türen, Fenster, Undichtigkeiten in der Konstruktion und sogar über die Scheiben selbst. Durch das Glas dringt nämlich auch Wärme nach außen, die der Wind – wir kennen diesen Vorgang schon – mit sich fortbläst.

Wieviel Wärme durch die Gewächshaus-Verkleidung verlorengeht, hängt wiederum vom verwendeten Material ab. Die Bautechniker drücken diesen materialabhängigen Wärmedurchgangsfaktor zahlenmäßig mit dem sogenannten k-Wert aus. Glas schneidet dabei erheblich besser ab als Kunststoffolie. Außerordentlich gute Isoliereigenschaften haben Verbundglas, Doppelstegplatten und Luftpolsterfolie. Aus preislichen Gründen kommen für ungeheizte Gewächshäuser aber nur Glas und Folie in Frage. Eine ganz besonders gute Wärmeisolierung erzielt man, wenn man die Scheiben eines Glashauses innen noch zusätzlich mit Luftpolsterfolie beklebt.

Glashauseffekt: Die langwellige Wärmestrahlung kann die Gewächshausscheiben nicht durchdringen.

Unten: Das Hobbygewächshaus bietet das richtige Klima für wärmeliebende Pflanzen.

Gewächshäuser ermöglichen einerseits eine Verlängerung der Vegetationszeit, andererseits erlauben sie es uns, ein Sommerklima zu schaffen, das auch die Ansprüche der wärmebedürftigsten Kulturen erfüllt und dadurch sichere Erträge ermöglichst. Entsprechend den unterschiedlichen Anforderungen muß man bei Planung und Betrieb eines Gewächshauses ganz unterschiedliche Gesichtspunkte beachten.

Verlängerung der Vegetationszeit

Beginnen wir mit der Verlängerung der Vegetationszeit. Hier lautet die Devise: Möglichst viel Sonnenstrahlung einfangen und möglichst wenig Wärme verlieren. Diesem Ziel müssen wir bereits beim Aussuchen des Standortes Rechnung tragen. Daß südlich des Hauses keine Hindernisse stehen sollen, die ihre Schatten auf das Haus werfen, braucht eigentlich nicht eigens hervorgehoben zu werden. Denken Sie aber auch daran, daß die Sonne am Vormittag und am Nachmittag tiefer steht als am Mittag und dabei besonders lange Schatten wirft. Mit Hilfe des Diagrammes auf Seite 20 lassen sich die Schatten bequem bestimmen. Daß man ein Gewächshaus nicht an einen Nordhang baut, ist auch klar. Ein in Ost-West-Richtung stehendes Haus kann zwar die tiefstehende Sonne des zeitigen Frühjahrs und des späten Herbstes besser ausnützen als ein Nord-Süd-Haus. Man erkauft sich diesen Vorteil jedoch durch eine ungleichmäßige Bestrahlung der beiden Haushälften. Durch ein steiles Dach dringt mehr Sonnenlicht ein als durch ein flaches.

Daß ein Folienhaus, was die Verlängerung der Vegetationszeit betrifft, mit einem Glashaus nicht konkurrieren kann, liegt auf der Hand. Nach Untersuchungen im »Grünen Zentrum« Weihenstephan kann man im Frühjahr und Herbst die Tiefsttemperaturen gegenüber dem Freiland in einem Folienhaus im Mittel nur um 0,2 °C anheben. In einem Glashaus schafft man schon eine Temperaturerhöhung um 1,3 °C und in einem mit Doppelstegplatten eingedeckten Haus erreicht man gar 2,3 °C mehr als im Freien. Um wieviele Tage sich dadurch die Vegetationszeit und die frostfreie Zeit im Haus verlängert, kann man aufgrund der Weihenstephaner Untersuchungen ebenfalls sagen: Mit Hilfe von Glashäusern kann man bis zu 2 Wochen, jeweils im Frühjahr und im Herbst, herausholen.

Vom Freiland her kennt jeder Hobbygärtner das Abdecken der Beete mit Folie oder Vlies als probates Mittel zur Beschleunigung des Wachstums und zur Verlängerung der Vegetationszeit. Warum Abdeckmaterial nicht auch im Gewächshaus benützen? Auch darauf geben uns die Weihenstephaner Hobbygarten-Forscher eine Antwort. Um bis zu 2 °C blieb es unter Schlitzfolie (sogenannter »mitwachsender Folie«) und unter Vlies wärmer als in einer offenen Vergleichsparzelle. Es erscheint also durchaus lohnend, auch innerhalb des Hauses noch eine zusätzliche Abdeckung vorzusehen. Auf diese Weise kann man bereits ab März die ersten Frühjahrskulturen anbauen. Zu ihnen zählen Kopfsalat, Kohlrabi, Rettich, Radieschen und die verschiedensten Gewürze.

Klimatisierung im Sommer

Was wir im Frühling und im Herbst mit allerlei Tricks zu erreichen suchen, nämlich eine möglichst starke Erwärmung, kann uns im Sommer zum Verhängnis werden. Wenn an einem heißen Sommertag die Sonne aus einem wolkenlosen Himmel herunterbrennt, können sich die Blätter unserer Gewächshauspflanzen so stark erhitzen, daß sie bleibende Schäden davontragen oder im Extremfall zugrunde gehen (siehe Seite 72f.). Hier heißt es also Vorsorge treffen. Sie beginnt damit, daß man das richtige Glas verwendet: Bitte keinesfalls gewöhnliches Fensterglas, sondern sogenanntes Garten-Klarglas einsetzen. Es hat eine unebene (genörpelte) Oberfläche, die die Sonnenstrahlung innerhalb des Hauses einigermaßen gleichmäßig verteilt und so eine Überhitzung einzelner Pflanzen-Partien verhindert. Lassen Sie sich bitte nicht vom Preis des Fensterglases verführen. Sie müßten die Preisdifferenz später in Form von geschädigten Pflanzen um ein Vielfaches nachzahlen.

Außerdem muß man für eine ausreichende Lüftung sorgen. Selbst ganz kleine Häuser brauchen bereits mindestens zwei Fenster; ab 5 bis 6 m^2 Grundfläche muß man unbedingt vier oder noch mehr Fenster vorsehen. Lassen Sie sich von den Händlern nichts vormachen. Die knausern gern mit den

Automatische Fensteröffner sorgen für die richtige Temperatur.

Fenstern, weil sie Ihnen ein möglichst verlockendes Angebot machen wollen. Ist das Haus erst einmal fertig und es stellt sich heraus, daß die Lüftung unzureichend ist, erfordert es meist einen unverhältnismäßig hohen Aufwand, Fenster nachzurüsten. Legen Sie deshalb lieber gleich ein paar Mark mehr hin, und Sie können sicher sein, daß es zu keinem Hitzestau kommt. Bauen Sie auch gleich automatische Fensteröffner mit ein. Diese arbeiten mit Sonnenenergie und sorgen zuverlässig für rechtzeitiges Öffnen und Schließen – über Jahre hinweg. So können Sie Ihr Gewächshaus getrost sich selber überlassen. Bei sehr heißem Wetter sollten sie allerdings auch noch die Tür offenstehen lassen.

Worauf Sie – ganz besonders im Sommer – achten müssen, ist die Wasserversorgung. Wie wir bereits wissen, können Pflanzen durch Verdunsten von Wasser ihre Temperatur innerhalb erträglicher Grenzen halten, vorausgesetzt, es ist ausreichend Wasser vorhanden. Kräftiges Gießen gehört deshalb zu den wichtigsten Pflichten des Gewächshaus-Gärtners. Keineswegs darf man dabei jedoch die Blätter benetzen. Selbst bei bester Lüftung bleiben nämlich die Pflanzen im Haus viel länger naß als im Freiland, was zusammen mit den höheren Temperaturen (siehe Seite 104) zu einer beschleunigten Ausbreitung von Pilzkrankheiten führen kann. Also bitte nie mit Brause und immer auf den Boden gießen und dabei die Kanne tief halten, damit der Boden nicht verschlämmt. Gegen Verschlämmung hilft eine Mulchdecke (siehe Seite 63f.), die obendrein dazu beiträgt, die nutzlose Verdunstung zu drosseln. Daß man nur abgestandenes Gießwasser verwenden darf, ist ohnehin selbstverständlich.

Steigt trotz aller Vorsorge die Lufttemperatur noch über 35 °C, dann sollte man an Abschatten denken. Dazu empfiehlt sich ein altes Gärtnerrezept: Man rührt 1 kg Weizenmehl in 10 l kaltem Wasser an und bestreicht damit die Scheiben. Wenn das heiße Wetter von kühlem Regenwetter abgelöst wird, wäscht der Regen das Mehl herunter und die Scheiben werden wieder klar und durchsichtig. Man kann natürlich auch Abschattmatten verwenden, die man im Bedarfsfall aus- und später wieder einrollen kann.

Besonders geeignet für den Sommer-Anbau im Gewächshaus erscheinen unter den Gemüsearten Tomaten, Paprika, Gurken, Melonen und Auberginen. Wenn Sie dann noch Platz haben, können Sie auch noch an Bohnen oder Exoten wie beispielsweise die Andenbeere denken.

Was man noch beachten sollte

Die Bienen finden den Weg ins Gewächshaus nur selten und können deshalb ihre wichtige Bestäubungsaufgabe nur unzureichend erfüllen. Bei Tomaten kann die fehlende Befruchtung zur Folge haben, daß die Früchte nur kirschgroß werden. Es hilft dann nur, selbst Biene zu spielen. Dazu sollten Sie zweimal in der Woche die Zweige mit den Blüten rütteln, oder die Blüten einzeln anstupsen. Die Zeit um Mittag ist dafür gut geeignet, weil dann der Blütenstaub besonders leicht abgegeben wird.

Im Lauf des Winters waschen Schnee und Regen den Freilandboden gut durch und spülen dabei schädliche Stoffe mit fort. Im Gewächshaus kann dieser natürliche Reinigungsprozeß nicht ablaufen. Ganz im Gegenteil, dort ist der Wasserstrom praktisch das ganze Jahr über von tieferen Bodenschichten zur Bodenoberfläche hin gerichtet. Das führt zu einer allmählichen Anreicherung von nicht restlos aufgebrauchten Düngesalzen und Ballaststoffen. Fast alle Gewächshauskulturen reagieren darauf mit Kümmerwuchs und Ertragseinbußen. Man sollte deshalb jeden Winter einmal Bodenhygiene betreiben, indem man pro m^2 Grundfläche 150 l Wasser auf drei bis vier Gaben verteilt ausgießt. Nachdem das Wasser versickert ist, steht einer neuen Bestellung nichts mehr im Wege.

Zum Schluß noch ein Satz über einen Glashauseffekt ganz besonderer Art. Es hat sich eingebürgert, Obst und Gemüse in Schälchen zu verkaufen, die mit durchsichtiger Kunststoffolie verschlossen sind. Sie stellen nach allem, was wir wissen, echte Mini-Glashäuser dar. Stehen solche Packungen längere Zeit in der Sonne und ist die Folie nicht mit einer ausreichenden Zahl von Löchern versehen, so kann sich der Pakkungsinhalt auf ganz unglaubliche Temperaturen erhitzen. So wurden bei eigenen Untersuchungen in Kirschen fast 60 °C und in Erdbeeren über 40 °C gemessen. Achten Sie also – wenn Sie als stolzer Hobbygärtner überhaupt Obst oder Gemüse kaufen – auf ausreichende Perforation der Verpackungsfolie.

Eigene Wetteraufzeichnungen

Erst wenn man das Wetter regelmäßig beobachtet und stets notiert, was man gesehen und gemessen hat, bekommt man ein Gespür dafür, wie eine Wettersituation im Vergleich zu durchschnittlichen Verhältnissen einzuordnen ist. Wie leicht erscheint einem Unbedarften ein Kälteeinbruch oder eine Hitzewelle als etwas höchst Außergewöhnliches, obwohl in früheren Jahren vielleicht schon viel extremere Situationen aufgetreten sind. Auch die »herrlich warmen Sommer vergangener Jahrzehnte« erweisen sich vor dem Hintergrund solcher Notizen oft genug als eine zwar schöne, aber doch leider falsche Erinnerung. Wetterbeobachtungen, viele Jahre hindurch zusammengetragen, werden zu einer interessanten und wertvollen Sammlung

Lufttemperatur und Niederschlag sind die wichtigsten Meßgrößen für den Hobbygärtner. Wer es etwas exklusiver liebt, kann auch noch die Luftfeuchtigkeit mit dazunehmen. Wenn Sie dann gar noch einen Laubfrosch in Ihrem Gartenteich sitzen haben, sind Sie fast schon ein perfekter Meteorologe.

Lufttemperatur

Die Temperaturmessung hat eine lange und ehrwürdige Tradition. Kein geringerer als Galileo Galilei war es, der 1611 das Thermometer erfunden und damit die ersten Messungen angestellt hat. Sein einfaches Glasthermometer hat aber den Nachteil, daß es nur immer den Augenblickswert anzeigt. Den Hobbygärtner würde jedoch oft viel mehr interessieren, wie kalt es in der vergangenen Nacht war, ob es Frost gegeben hat oder nicht. Auch die Höchsttemperatur vom Nachmittag wäre oft interessanter, als die, die das Thermometer anzeigt, wenn man nach Feierabend in den Garten kommt. Genau dafür aber gibt es sogenannte »Extremthermometer«. Sie zeigen neben der augenblicklichen Temperatur auch den Tiefstwert der Nacht (Minimum) und den Höchstwert des Nachmittags (Maximum) an. Ein solches Instrument hat zwei Skalen, eine Maximumskala und eine Minimumskala. An der Maximumskala steigt der Quecksilberfaden um so höher, je wärmer es ist, genauso wie man es auch vom gewöhnlichen Thermometer her kennt. An der Minimumskala verhält es sich umgekehrt. Dort steigt der Faden nämlich um so höher, je tiefer die Temperatur sinkt. Und nun kommt der Trick des Ganzen: In jedem der beiden Thermometerröhrchen schiebt der Quecksilberfaden einen kleinen Eisenstift vor sich her. Hinter der Skala ist – für den Beobachter unsichtbar – ein Magnet angebracht, der den Stift in seiner Position festhält, wenn sich der Quecksilberfaden wieder zurückzieht. Auf diese Weise zeigen die Stifte (an ihrem unteren Ende!) immer die höchste und die tiefste Temperatur an. Natürlich muß man das Instrument nach jedem Ablesen wieder neu einstellen. Dazu braucht man nur einen Knopf zu drükken, wodurch der Magnet zurückgebogen wird. Dadurch verliert er seinen Einfluß auf die Stifte, und sie rutschen von selbst zum Quecksilberfaden zurück.

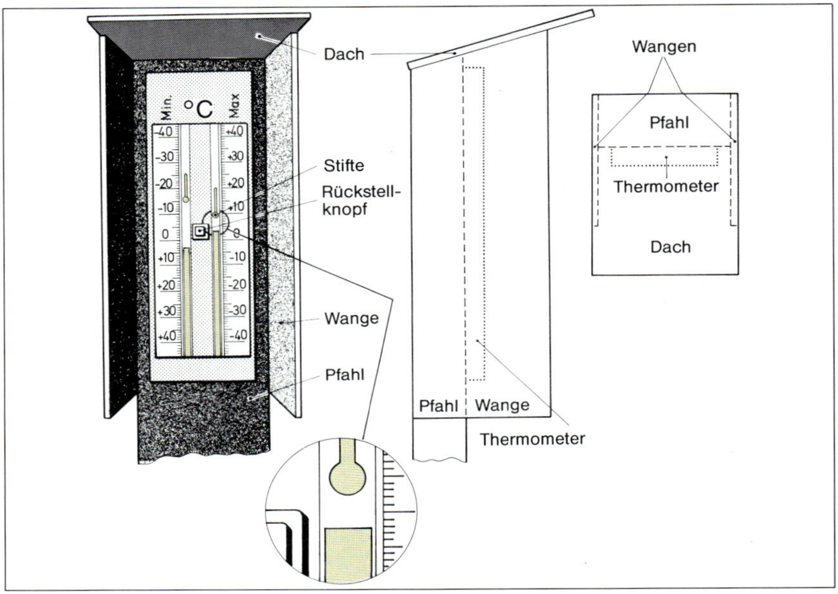

Ein Thermometer darf nie der Sonne ausgesetzt werden. Es zeigt sonst unsinnig hohe Werte an. Sagen Sie das ruhig auch Ihrem Nachbarn, wenn er Sie mit der Sensationsmeldung begrüßt, heute Nachmittag habe er in der Sonne nicht weniger als 58 °C gemessen. Doch nicht nur die pralle Sonne läßt das Thermometer hochschnellen, auch die Himmelsstrahlung (siehe Seite 9) kann schon zu erheblichen Fehlern führen. Ganz besonders stellt sich dieses Problem natürlich im Gewächshaus. Wir müssen deshalb unser Gerät vor Strahlungseinflüssen schützen. Und selbstverständlich darf es auch nicht naß werden, weil sonst die Verdunstungskälte zu tiefe Temperaturen vortäuschen würde. Dazu reicht ein einfacher Holzpfahl mit zwei seitlichen Wangen und einem schrägen Dach, wie es unser Bild zeigt. Das Gestell ist sauber weiß gestrichen und nach Norden ausgerichtet. Keinesfalls darf man das Instrument einfach an der Hauswand aufhängen, auch nicht an der Nordwand!

Niederschlag

Der Niederschlag ist das am längsten beobachtete Wetterelement. Bereits vor 5000 Jahren ließen chinesische Herrscher den Regen in Behältern sammeln und messen. 1781 hat Kurfürst Karl Theodor das erste Meßnetz eingerichtet. Die »Societas Meteorologica Palatina« umfaßte 39 Stationen zwischen Massachusetts (USA) im Westen und dem Ural im Osten. Die nördlichsten Stationen lagen in Skandinavien und Grönland, die südlichste war Rom. Die dafür verwendeten, aus poliertem Messing und geschliffenem Glas hergestellten Regenmesser kann man noch heute im Deutschen Museum in München bewundern.

Maximum-Minimum-Thermometer.

Ein Regenmesser für den Hobbygarten.

Für unsere Zwecke tut es ein billiges Plexiglas-Instrument, wie man es in jedem Garten-Center für ein paar Mark kaufen kann. Es besteht aus einem nach unten konisch zulaufenden Gefäß mit einer aufgedruckten Skala, die üblicherweise in mm geeicht ist (1 mm entspricht 1 l Regenwasser pro m^2). Dazu kommt noch eine Haltevorrichtung, mit der man es an einem Pfahl befestigen kann. Wie das fertig montierte Gerät aussieht, zeigt die Abbildung.

Den gefallenen Regen fehlerfrei zu messen, scheint zunächst die einfachste Sache der Welt zu sein, so leicht ist es aber ganz und gar nicht. Sehr schnell hat sich einer der vielen möglichen Fehler eingeschlichen. Wir tun deshalb gut daran, uns ein paar Gedanken zu machen, bevor wir unseren Regenmesser aufstellen.

Steht er zu nahe an einem Baum, an hohen Sträuchern oder Gebäuden, so wird je nach Windrichtung der Regen abgeschirmt (Regenschatten), oder es wird durch Leewirbel (siehe Seite 94) besonders viel Regenwasser eingetragen. Als Faustregel gilt, daß die Hindernisse mindestens so weit entfernt sein müssen, wie sie hoch sind. Denken Sie auch daran, daß Bäume wachsen! Aber auch ein völlig windoffener Standort hat seine Tücken: der Wind trägt nämlich dann den Regen über das Gerät hinweg und wir finden in unserem Topf viel zu wenig Wasser. Selbst nach dem Regen können sich noch Fehler einschleichen: warten Sie mit dem Ablesen zu lange, so kann ein erheblicher Teil des aufgefangenen Wassers schon wieder verdunstet sein.

Luftfeuchtigkeit

Zur Messung der Luftfeuchtigkeit steht ein gutes Dutzend teilweise erstaunlich raffinierter Verfahren zur Verfügung. Für uns Hobbygärtner kommt aber nur das Haarhygrometer in Frage, ein verblüffend einfaches Gerät. Im Jahre 1783 hat der Schweizer Naturforscher H.B. de Saussure entdeckt, daß menschliche Haare ihre Länge entsprechend der Luftfeuchte verändern. Wenn Ihnen noch nie aufgefallen ist, daß Ihre Haare bei Regenwetter länger sind als bei Sonnenschein, so brauchen Sie sich nicht gleich für einen schlechten Beobachter zu halten. Selbst bei extremsten Wetterunterschieden macht nämlich die Längenänderung noch nicht einmal 2 Prozent aus. Dennoch gelang es Saussure, auf der Grundlage dieses Prinzipes ein funktionstüchtiges Meßgerät zu bauen, das sich noch heute – natürlich in verbesserter Form – eines weltweiten Einsatzes erfreut.

Haarhygrometer sind robust und verlangen wenig Pflege. Setzt man das Gerät nicht gerade schmutziger Industrieluft aus, reicht es, wenn man das Haar gelegentlich einmal mit einem Spiritusgetränkten Pinsel vorsichtig reinigt. Im Winter, wenn es im Garten nicht mehr

Zeichen für die eigene Wetteraufzeichnung

,	Sprühregen	⌓	Tau
•	Regen	V	Reif
✳	Schnee	≡	Nebel
▲	Hagel	∾	Glatteis
⚡	Gewitter	↘•	Sturm: aus NW,
▽	Schauer, wird zusätzlich notiert, wenn Regen oder Schnee in Form eines Schauers fallen	—•	aus W

so viel zu tun gibt, findet sich dafür sicher eine ruhige Viertelstunde. Steht das Instrument längere Zeit im Trockenen (beispielsweise zum Überwintern im Haus), so zeigt das Haar Alterungserscheinungen, die sich darin äußern, daß das Gerät bis 20 Prozent zu wenig anzeigt. Dann muß man es regenerieren. Dazu umwickelt man es mit einem nassen Handtuch und wartet, bis der Zeiger bei 96 bis 98 Prozent steht, was bis zu zwei Tage dauern kann. Beim Einsatz im Garten wird es durch die Feuchte der Nacht ohnehin regelmäßig regeneriert.

Selbstverständlich kann man auch hier wieder Aufstellungsfehler begehen. Das Hygrometer muß genauso vor Strahlung geschützt werden wie ein Thermometer, sonst zeigt es unbrauchbar kleine Werte an.

Wetterbeobachtung

Das Beobachten des Wettergeschehens vervollständigt die Notizen. An den amtlichen Wetterstationen verwendet man für die verschiedenen Wettererscheinungen Symbole, und zwar nicht weniger als 100 Stück. Für uns kommen davon nur ein paar wenige in Frage.

Einen besonderen Pfiff bekommt Ihr Wettertagebuch dann, wenn Sie auch die phänologischen Jahreszeiten (siehe Seite 113) vermerken.

Der Jahresablauf der Witterung im Spiegel der Jahreszeiten

Die Jahreszeiten teilen das Jahr in vier recht unterschiedliche Witterungsabschnitte ein und geben ihm dadurch einen strengen Rhythmus. In früheren Zeiten hat man sie mit der Götterwelt in Verbindung gebracht. In der Antike wurden die Jahreszeiten als Genien dargestellt, und man gab ihnen typische Attribute bei: Blumen für den Frühling, Getreideähren und die Sichel für den Sommer, Obst und Trauben für den Herbst und das erlegte Wild für den Winter. In den barocken Schloßgärten haben die verkörperten Jahreszeiten als pausbäckige Putten ihren Platz gefunden, und deren Nachfahren machen heute vielerorts den Gartenzwergen den Platz streitig.

Phänologische Jahreszeiten

Die nach astronomischen Terminen definierten Jahreszeiten bilden ein strenges, starres Schema, das den Einfluß der Witterung auf die Pflanzenwelt unberücksichtigt läßt. In der Agrarmeteorologie, einem Teilgebiet der Meteorologie, die sich mit dem Zusammenwirken zwischen Witterung und Pflanzen befaßt, hat man deshalb schon seit langem eine ganz andere Jahreszeitengliederung entwickelt, den »phänologischen Kalender«. Er wird neuerdings auch im Hobbygartenbereich gerne benützt. Dieser Kalender legt die Jahreszeiten – es sind dort zehn, nicht nur vier – nach bestimmten Entwicklungsmerkmalen ausgesuchter, weit verbreiteter Pflanzen fest. So sagt man, der Vorfrühling sei eingetreten, wenn die Schneeglöckchen zu blühen beginnen. Vom Erstfrühling spricht man, wenn die Salweide ihre gelben Staubgefäße zeigt. Die Apfelblüte signalisiert den Vollfrühling. Und so geht es weiter, das ganze Jahr hindurch: Mit der Blüte des Schwarzen Holunders ist der Frühsommer angebrochen. Die blühende Winterlinde zeigt den Hochsommer an und mit der Winterroggenernte beginnt der Spätsommer. Die blühende Herbstzeitlose vermeldet den Frühherbst, die reifen Kastanien zeigen den Vollherbst an, und wenn sich die Rotbuche verfärbt, ist der Spätherbst gekommen. Das Ende der Feldarbeiten schließlich leitet zur Vegetationsruhe des Winters über, bis die aus dem schmelzenden Schnee spitzenden Schneeglöckchen-Blüten einen neuen Vorfrühling einläuten.

Der phänologische Kalender rückt also die Vegetation in den Mittelpunkt. Sie selbst zeigt stets die Jahreszeit an. In der Abbildung auf dieser Seite wurden die aus langjährigen Beobachtungen errechneten mittleren phänologischen Kalenderdaten von Weihenstephan bei München, Geisenheim im Rheingau und Bremen nebeneinander gestellt. In den einzelnen Jahren kann es davon teilweise recht erhebliche Abweichungen geben.

Singularitäten

Nun aber zum mittleren Jahresablauf der Witterung, den wir im phänologischen Kalender verankern wollen. Er soll am Beispiel von Wetterbeobachtungen aus dem Raum München (Weihenstephan) anhand der Abbildung

Phänologische Kalender für drei Standorte in der Bundesrepublik.

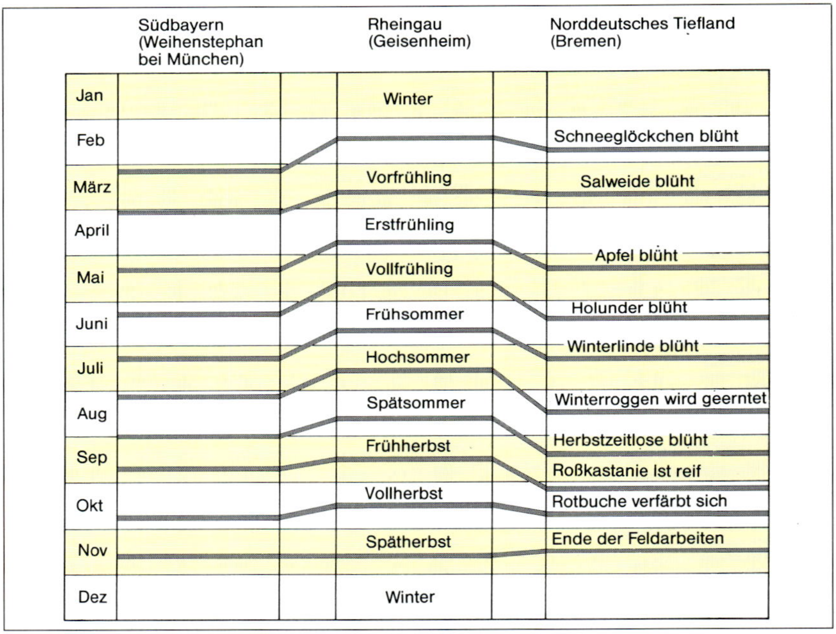

auf dieser Seite vorgestellt werden. (Wir gehen dabei selbstverständlich auch auf die Verhältnisse in anderen Klimalandschaften ein.) Die in der Abbildung dargestellten Kurven erhält man dadurch, daß man vierzig Jahre lang die Temperaturen und Niederschläge vom 1. Januar mittelt und in die Graphik einträgt. Das gleiche macht man dann mit den Werten, die man im Lauf der Jahre jeweils am 2. Januar gemessen hat und fährt so fort bis zum 31. Dezember. Die dunkle Linie im grauen Feld zeigt den Jahresverlauf der Tagesmitteltemperatur an (sie bildet das näherungsweise Mittel zwischen höchster und tiefster Temperatur des Tages). Die obere Linie markiert jeweils die höchste (Maximum-) und die untere Linie die tiefste (Minimum-) Temperatur des Tages. Aufgrund statistischer Gesetzmäßigkeiten liegt in zwei Drittel aller Jahre die Tagesmitteltemperatur innerhalb des grauen Bereiches: am 1. Januar zwischen +3 und –7 °C. Die Säulen in der unteren Darstellung zeigen den auf die gleiche Weise gewonnenen Niederschlagsverlauf. Wie man sieht, präsentiert sich der Jahresablauf von Temperatur und Nie-

Mittlerer Jahresablauf der Witterung in Weihenstephan bei München.

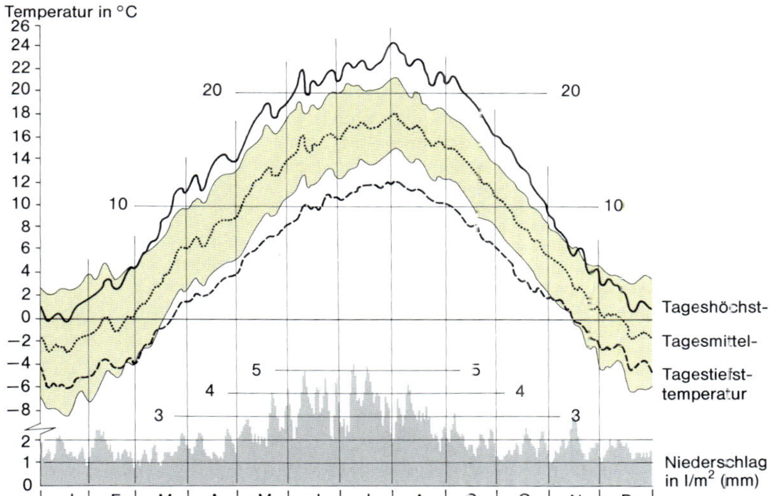

derschlag keineswegs durch harmonische, glatte Kurvenzüge. Sie gleichen mehr einem wilden, zerklüfteten Gebirge mit schroffen Einbrüchen und steilen Gipfeln. Sie sind der Ausdruck dafür, daß in vielen Jahren zu festen Zeiten jähe Kaltlufteinbrüche erfolgen und sich gerne an bestimmten Tagen Warmperioden einstellen.

Diese regelmäßig auftretenden Witterungs-Besonderheiten sind dem berühmten Geheimrat Schmauß, seines Zeichens Professor für Meteorologie in München, schon in den zwanziger Jahren aufgefallen. Er hat ihnen den Namen »Singularitäten« gegeben. Sie sind als Eisheilige, Schafskälte, Altweibersommer oder Weihnachtstauwetter wohl bekannt. Wenn man auf ihnen auch keine verläßliche Wetterprognose aufbauen kann, so stellen sie doch wertvolle Orientierungshilfen für die Planung der Arbeit im Garten dar.

Der Witterungsverlauf in Mitteleuropa

Das Kalenderjahr beginnt häufig gleich mit einer der bekanntesten Singularitäten, der Neujahrskälte. Einer der krassesten Kaltlufteinbrüche dieser Art ereignete sich in der Neujahrsnacht von 1978 auf 1979. In Süddeutschland stürzte damals die Temperatur innerhalb von 12 Stunden um teilweise mehr als 26 °C. Kein Wunder, daß es damals schwere Winterfrostschäden an allen kälteempfindlichen Gehölzen gab. Im langjährigen Mittel bewegen sich die Tiefsttemperaturen in Süddeutschland dann um –6, im Küstenbereich um –2, und nach Osten zu um –3 °C. In den Alpentälern kann es dagegen noch viel kälter werden. Da kalte Luft nur sehr wenig Wasser enthält (siehe Seite 38), lassen diese Tage auch kaum Niederschlag erwarten. Erst um die Monatsmitte führen aus Westen kommende Tiefdruckgebiete wieder mild-feuchte Meeresluft nach Europa. Aber bereits um den 15. Januar steigt die Neigung zu Hochdruckwetter wieder deutlich an. Mit ihm gelangt sibirische Kaltluft nach Europa. »An Fabian und Sebastian (20. Januar) fängt der rechte Winter an«, haben die Bauern schon in früheren Jahrhunderten beobachtet. In den über 15 Stunden langen sternklaren Nächten sinken die Lufttemperaturen über der häufig vorhandenen Schneedecke oft auf die tiefsten Werte des ganzen Winters. In Südbayern liegt die kälteste Nacht in 50 Prozent aller Jahre zwischen dem 15. und dem 25. Januar.

Anfang Februar folgt dann mit steigender Temperatur eine recht niederschlagsreiche Periode – oft fallen in diesen Tagen die größten Schneemengen des ganzen Winters. »Sankt Dorothee (6. Februar) bringt den meisten Schnee«, bestätigt eine alte Wetterregel. In vielen Jahren klettert das Quecksilber jedoch schnell über die Null-Grad-Marke und die ganze Schneepracht schmilzt dahin oder die Niederschläge fallen von vorneherein gleich als Regen. Und auch dafür hat der Volksmund einen Wetterspruch parat: »Sankt Agata (5. Februar), die Gottesbraut / macht, daß Schnee und Eis gern taut.« Ab Monatsmitte wird es dann oft noch einmal klirrend kalt, besonders dann, wenn der Schnee liegengeblieben ist. Sogar an der Küste sinken jetzt die Tagesmitteltemperaturen deutlich unter 0 °C und damit auf die tiefsten Werte des ganzen Jahres, sogar tiefer als im Januar, weil inzwischen das Meerwasser kälter geworden ist.

Vorfrühling

Danach ist aber der strenge Teil des Winters meist vorbei. Die Temperaturkurven beginnen anzusteigen, an den Küsten zunächst noch zögernd, im Binnenland jedoch schon recht deutlich. Und das bedeutet für die Vegetation den Startschuß in den Vorfrühling: Im norddeutschen Tiefland und im milden Rheingau erblühen die ersten Schneeglöckchen. In den mehr kontinental beeinflußten Klimabereichen Ost- und Süddeutschlands ist es erst Anfang März soweit (siehe auch Seite 67). »Kunigund' (3. März) macht warm von unt'«, sagt man in Bayern, und mit der Kunigunde strecken auch dort die Schneeglöckchen ihre Blüten durch die oft noch nicht einmal ganz abgetaute Schneedecke. In vielen Jahren bremst der »Märzwinter«, ein Kälterückfall in den ersten Tagen des Monats, den Aufwärtstrend noch einmal vorübergehend. Er ist meist mit Schneefall verbunden und verzögert die Arbeiten im Garten nicht selten um bis zu 14 Tage. Obwohl er in unserem Witterungsdiagramm nicht besonders auffällt, gehört er doch zu den ganz regelmäßigen Singularitäten und zu den gefährlichsten dazu. Zu dieser Zeit hat sich nämlich die Frostfestigkeit der Gehölze oft schon recht gelockert (siehe Seite 75f.). Aber die stetig fortschreitende Erwärmung kann auch ein noch so bärbeißiger Märzwinter nicht mehr aufhalten.

Erstfrühling

Zögernd beginnt sich jetzt die Witterung auf sommerliche Verhältnisse umzustellen. »Sommerliche Verhältnisse«, das heißt der Kontinent wird wärmer als das Meer. Die Temperaturkurven in Süddeutschland holen jetzt die der Küstenorte ein. Westliche Luftzufuhr bringt damit eher kühle, östliche eher warme Perioden mit sich. Und eine solche stellt sich gerne in der zweiten Märzhälfte ein. Sie gehört zu den ausdauerndsten des ganzen Jahres. Wenn auch die klaren Nächte noch recht kalt sein können, so lassen doch die milden, sonnenscheinreichen Tagesstunden, in denen schon bis zu 20 °C gemessen werden können, die Böden zügig abtrocknen und erwärmen das Saatbett für die ersten Freilandkulturen. Zwischen Ende März (im Rheintal und in Küstengebieten) und Anfang April (im Alpenvorland) läutet dann die Salweiden-Blüte überall den Erstfrühling ein.

Der April, der bekanntlich »nicht weiß, was er will«, meldet sich üblicherweise mit einem kalt-feuchten Witterungsabschnitt an, der bereits Ende März vorbereitet wird. Ihm folgt rasch ein zweiter und gegen Monatsende ein dritter nach. Alle drei bescheren dem Binnenland häufig noch letzte kurze Schneefälle. »Sankt Georg (23. April) kommt nach alter Sitten auf einem Schimmel angeritten.« Die verspäteten Schneefälle verhindern allzuoft ein zügiges Wachsen der Frühjahrskulturen. Daß sich die Atmosphäre inzwischen völlig auf sommerliche Strömungsverhältnisse umgestellt hat, sieht man daran, daß jetzt die Niederschläge überwiegend bei kühlem Wetter fallen, während im Winter die milden Perioden die feuchteren waren.

Vollfrühling

Mit dem April beginnt – angezeigt durch die Apfelblüte – der Vollfrühling Einzug zu halten. Mit einer Geschwindigkeit von 30 km pro Tag breitet er sich von Südwesten kommend über ganz Mitteleuropa aus: Mitte April erblühen die riesigen Apfelplantagen im Südtiroler Etschtal, im Lauf der letzten Aprilwoche erfaßt der Vollfrühling das gesamte Rheintal von Basel bis Essen und das Wiener Becken bis hinunter nach Graz. In München, am Rand des Alpenvorlandes, öffnen die Apfelbäume erst am 5. Mai ihre Blüten und dann geht es auf breiter Front über die Mittelgebirge nach Norden – Hannover, Magdeburg und Berlin 8. Mai, Hamburg und Bremen 11. Mai, und schließlich Flensburg und Rostock

Die Apfelblüte verkündet den Einzug des Vollfrühlings.

Mittlerer Beginn der Apfelblüte (Vollfrühling).

20. Mai. Je 100 Meter Höhe verspätet sich der Vollfrühling um 3 bis 4 Tage. Da der Frühling in Teilen Spaniens schon im März einsetzt, und Stockholm erst Ende Mai erreicht, kann man sagen, daß er Europa in einem 90-Tage-Feldzug erobert.

Im Mai verliert sich die Wechselhaftigkeit der Witterung allmählich wieder. Während die Tagesmitteltemperaturen im Küstenbereich und im Binnenland in etwa gleich hoch sind (von den Alpentälern abgesehen), findet man nach Süden und Osten zu um bis über 5 °C größere Tag-Nacht-Schwankungen. »Pankrazi, Servazi und Bonifazi san' die drei frostigen Bazi«, sagt eine nicht besonders ehrerbietige süddeutsche Wetterregel. Aber die drei gestrengen Herren, die ihre Namensfeste zusammen mit der »Kalten Sophie« zwischen dem 12. Mai und dem 15. Mai feiern, treten in unseren Temperaturkurven überraschenderweise überhaupt nicht auf. Statt dessen macht um den 20. Mai ein massiver Kälteeinbruch auf sich aufmerksam, der sogar noch einmal Fröste bringen kann. Und erst dieser Kälteeinbruch bedeutet eigentlich die wahre »Kalte Sophie«. Vor der Gregorianischen Kalenderreform wurde nämlich das Fest der Heiligen Sophia an dem Tag des Jahres gefeiert, der heute dem 22. Mai entspricht. Durch die Reform ist zwar ihr Name auf den 15. Mai vorgerückt, ihr kaltes Gesicht aber zeigt sie noch immer um den 20. herum. Man hüte sich also davor, frostempfindliche Kulturen gleich nach den Eisheiligen ins Freie zu bringen. Den 20. bis 25. Mai sollte man auf alle Fälle noch abwarten. Über die typische Wetterlage, die Kälterückschläge dieser Art verursacht, wurde schon auf der Seite 86 gesprochen.

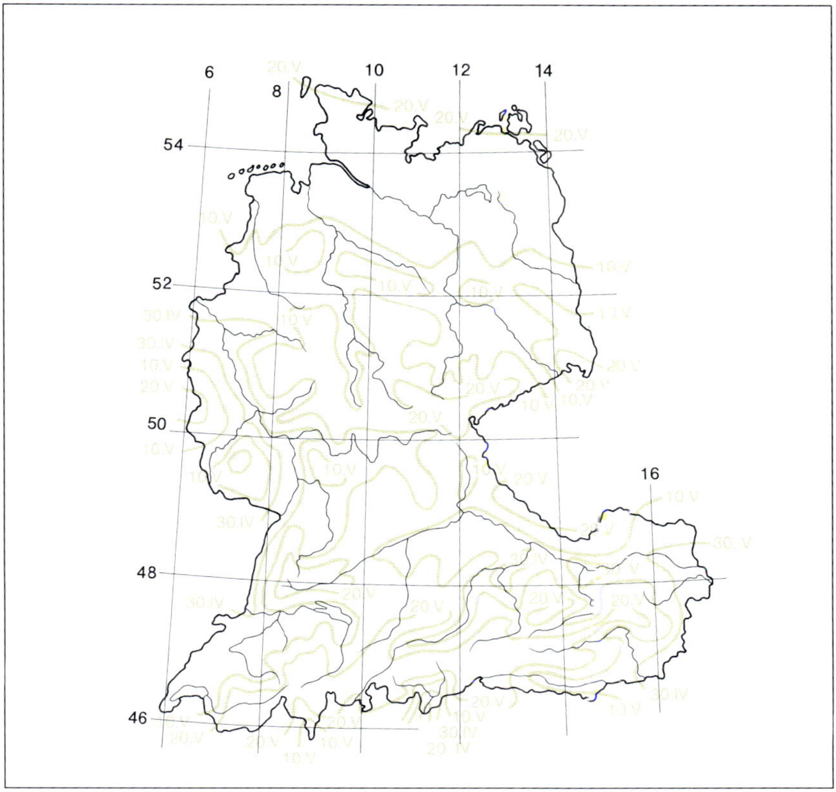

Frühsommer

Aber obwohl in der zweiten Maihälfte noch so mancher Spätfrost die Hoffnungen auf eine gute Obsternte jäh zunichte machen kann, setzt im Mittel aller Jahre um diese Zeit in den milderen Gegenden mit der Holunderblüte bereits der Frühsommer ein: am 21. Mai im Rheingau, am 28. in Würzburg und mit dem 30. am Bodensee. An der Küste und im Raum München läßt er sich noch knapp zwei Wochen länger Zeit – und das obwohl der Juni eigentlich üblicherweise mit einer auffällig warmen und trockenen Witterungsperiode beginnt.

Die warme Witterung wird jedoch schon bald von einer der regelmäßigsten und bekanntesten Singularitäten abgelöst, der »Schafskälte«. Ihr Name soll mit den frisch geschorenen und arg frierenden Schafen in Verbindung stehen. Sie bringt nicht nur kühl-feuchtes Regenwetter, sondern oft auch die ersten Gewitter. Im höheren Alpenvorland, in den Alpentälern wie auch in Moorgebieten kann in besonders ungünstigen Fällen noch ein letztes Mal Frost auftreten, der der schon weit ent-

Die Inversion im Voralpenland läßt sich leicht am schmutzerfüllten Dunst erkennen.

wickelten Vegetation besonders schwere Schäden zufügt. In Oberstdorf gibt es in jedem vierten Jahr in der ersten Junidekade noch einmal Luftfrost. Der späteste Bodenfrost wurde dort am 27. Juni gemessen.

Der Grund für den Einbruch der Schafskälte, die auch gerne als »europäischer Sommermonsun« bezeichnet wird, ist folgender: Der riesige europäisch-asiatische Kontinent hat sich im Lauf des Frühjahrs wesentlich stärker erwärmt als der Atlantik. Das hat zur Folge, daß über dem Kontinent die Luft ähnlich wie ein Heißluftballon aufzusteigen beginnt und (unter Mitwirkung des Azorenhochs) wird von Nordwesten her kalt-feuchte Ersatzluft angesaugt.

Eine geradezu klassische Schafskälte gab es 1984: Ab dem Monatsersten herrschte warm-sonniges Hochdruckwetter, das am 3. Juni in Südbayern eine Höchsttemperatur von 26 °C brachte. Einen Tag später brach der »europäische Monsun« herein. Am 7. zeigte das Thermometer morgens gerade noch etwas mehr als 3 °C. Dem ersten Kaltluftschwall folgen oft noch eine Reihe weiterer nach.

Bis in den Juli hinein kann der Monsun fortwirken, was auch aus unseren Temperaturkurven deutlich hervorgeht. An den Alpen dagegen laufen die Luftwellen auf. In Süddeutschland kommt es dadurch immer wieder zu heftigen Gewittern mit Sturm und Hagel oder zu langanhaltenden Regenfällen, die nicht selten sogar Hochwasser bringen. Der Juli ist deshalb dort der regenreichste Monat des ganzen Jahres.

Hochsommer

Doch die Natur läßt sich davon nicht beirren: Am 20. Juni beginnt im Rheingau der Hochsommer, in Bayern und an der Küste setzt er Mitte Juli ein. Und am 27. Juni, dem Siebenschläfertag, schaut man dann allseits gespannt nach dem Wetter, denn so wie das Wetter am Siebenschläfertag ist, so soll es dem Volksmund zufolge 7 Wochen lang bleiben. Glauben Sie's aber nicht! So leicht macht es Petrus den Meteorologen nicht. Aber ein Körnchen Wahrheit steckt doch drin. Wenn man nämlich die Regel nicht ausschließlich auf den Siebenschläfertag anwendet, sondern auf die Zeit um die Monatswende zum Juli, dann trifft sie doch immerhin in 70 Prozent aller Jahre zu.

Mit der Sommersonnenwende am 21. Juni ist astronomisch der Höhepunkt des Jahres erreicht. Fast sechsmal so hoch liegt der Strahlungsgenuß im Vergleich zum Winter. Doch klimatologisch steht noch eine Steigerung bevor. Die höchsten Temperaturen werden an der Schwelle zum August gemessen: Auf etwa 24 °C klettert das Thermometer im Mittel im Binnenland, auf gut 21 °C an der Küste, die »Hundstage« sind da. Sie haben aber keineswegs etwas mit unseren bellenden Vierbeinern zu tun, auch wenn diese oft unter der Hundstagshitze zu leiden haben. Sie haben ihren Namen vom Sternbild des Großen Hundes.

Spätsommer

Schon bald danach merkt man dann aber ganz deutlich, daß sich der Som-

mer zu neigen beginnt: Die Tage werden kürzer, die Temperaturen gehen zurück und ehe man sich's versieht, blüht da und dort die Herbstzeitlose und der Frühherbst ist gekommen: Im milden Rheingau Mitte August, in Süddeutschland in den ersten Septembertagen, an der Küste Mitte September.

Frühherbst

»Wenn's der August nicht kocht, bratet's der September nimmermehr«, das klingt zwar beinahe ein bißchen melancholisch, aber für Traurigkeit ist im September beileibe keine Zeit. Vorbei sind die heftigen Wetter, vorbei die schweißtreibende Hitze. Unsere Temperaturkurven zeigen jetzt einen so glatten Verlauf wie das ganze Jahr über noch nicht. »Altweibersommer« ist angesagt. Die milde Wärme dieser Zeit läßt das Herbstgemüse noch kräftig wachsen, gibt dem Obst die volle Reife und läßt die Herbststauden erblühen. »Durch Septembers heitern Blick / kehrt nochmal der Mai zurück.«

Wochenlang kann vom Festland trockene Luft herangeführt werden und genauso lang kann es niederschlagsfrei bleiben. Die Verdunstung ist zwar zu dieser Zeit nicht mehr besonders hoch (1,5 bis 2,5 l/m² pro Tag), aber dennoch können besonders die leichten Böden auf die Dauer stark austrocknen, so daß das Wässern nicht übersehen werden darf (siehe Seite 63).

Vollherbst

Im Verlauf der zweiten Monatshälfte stellt sich mit reifen Kastanien der Vollherbst ein. Inzwischen ist das Festland wieder deutlich kühler geworden als das Meer. Ende September liegt die Tagesmitteltemperatur an der Küste noch um 2 °C höher als in Südbayern.

In den tieferen Landesteilen hält sich das allgemein geschätzte Wetter dieser Jahreszeit jedoch oft nicht allzulange. Häufig bilden sich schon ab Mitte Oktober zunächst flache, bodennahe Kaltluftschichten aus, die zunehmend höher werden. Man spricht von »Inversionen«. In den Geländelagen, die aus dem Kaltluftsee herausragen, insbesonders in den Mittelgebirgen und in den Alpen, kann man dann weiterhin sonniges, mildes Herbstwetter mit grandioser Fernsicht genießen, während man in den Flußtälern und Beckenlandschaften unter trüber, feuchter und schmutzerfüllter Luft bis hin zu drükkendem Smog zu leiden hat. Berüchtigt für seine Inversionslage war der Herbst 1984. Am 2. November wurde morgens in München bei dickem Nebel eine Temperatur von –2,2 °C gemessen, während das Thermometer auf dem Wendelstein (etwa 1800 m Höhe) +10,2 und auf der Zugspitze (knapp 3000 m Höhe) immerhin noch +3,2 °C zeigte.

Spätherbst

Während dieser Tage strebt die Laubverfärbung der Rotbuche ihrem Höhepunkt zu, mit der der Spätherbst beginnt. Häufig schlägt das herbstliche Hochdruckwetter Mitte November zusammen mit dem Ende der Feld- und Gartenarbeiten in regenreiches Tiefdruckwetter um. Ende November fällt dann manchmal schon der erste Schnee: »Kathrein (25. November) will weiß gekleidet sein.« Inzwischen stellt sich allmählich wieder die winterliche Temperaturverteilung ein. Während sich der Kontinent zunehmend abkühlt, steht dem Meer das im Lauf des Sommers aufgefüllte Wärmereservoir zur Verfügung, so daß die Ozeane wärmer bleiben als das Festland. Ende November ist es an der Küste im Mittel um fast 4 °C wärmer als im Alpenvorland. Die kalte Luft kommt jetzt wieder aus Osten, die milde aus Westen und die Niederschlagsmaxima fallen wieder mit dem Temperaturmaxima zusammen.

Winter

Der Trend zur Meeresluft hält bis Mitte Dezember an. Erst dann läßt sich auf der Wetterkarte wieder ein kräftiges Hoch sehen. Üblicherweise zeigt dann der junge Winter das erste Mal, was er kann. Doch die Hoffnung auf eine weiße Weihnacht wird sehr häufig enttäuscht, weil die Strömung gerade noch vor dem Fest auf Südwest bis West umkippt und mit milder Meeresluft das nicht sehr geschätzte Weihnachtstauwetter einleitet. Nur in jedem zweiten bis dritten Jahr darf man in München mit einem weißen Christfest rechnen, in Norddeutschland sogar nur in jedem dritten bis vierten Jahr. Inzwischen sind die kürzesten Tage des Jahres gekommen, die nur noch etwa 8 Stunden dauern, während in der 16stündigen Nacht ständig Strahlungsenergie verlorengeht. Damit sind beste Voraussetzungen für den Einbruch der Neujahrskälte gegeben, mit der wir wieder am Ausgangspunkt unserer kleinen Witterungsreise durch die Jahreszeiten angekommen sind. Zum Schluß noch ein ganz tiefsinniger Wetterspruch: »Ist's an Neujahr heiß und schwül, taugt dein Kalender gar nicht viel.«

Einige Besonderheiten des Witterungsablaufes

Und jetzt noch etwas für besonders Interessierte. Betrachten Sie sich die Kurven der täglichen Höchst- und Tiefsttemperaturen. Beim genaueren Hinsehen fällt auf, daß die Maximumkurve und die Minimumkurve im Winter viel enger beieinander liegen als im Sommer. Das heißt nichts anderes, als daß im Winter der Temperaturunterschied zwischen Tag und Nacht im allgemeinen viel kleiner ist als im Sommer. Wie das? Ganz einfach, im Winter sind die Wärmeumsätze viel geringer als im Sommer. Die Sonnenstrahlung ist wegen der kurzen, flachen Tagbögen recht schwach. Liegt dann auch noch Schnee, wird davon ohnehin noch der größte Teil zurückgeworfen. Auch die nächtliche Abstrahlung ist wegen der tiefen Temperaturen arg bescheiden. Im Sommer dagegen steigt der Strahlungsgenuß bis auf das Sechsfache an und auch die langwellige Abstrahlung ist viel stärker.

Darf es noch ein bißchen mehr Meteorologie sein? Wenn ja, dann schauen Sie sich das grau getönte Band an. Es ist im Winter glatt doppelt so breit wie im Sommer. Was das zu bedeuten hat? Nun, die Breite des Bandes gibt den Bereich an, in dem die Tagesmitteltemperaturen in zwei Drittel aller Jahre liegen. Ist das Band sehr breit, so bedeutet das, daß es im einen Jahr recht warm, im andern dagegen ziemlich kalt sein kann. Ein schmales Band dagegen bedeutet, daß in jedem Jahr recht ähnliche Temperaturen gemessen werden. Wenn nun das Band im Winter breiter ist als im Sommer so heißt das: im Winter schwanken die Temperaturen in den einzelnen Jahren stärker als im Sommer. Das muß Ihnen keineswegs verwunderlich vorkommen. Im Winter sind nämlich die Temperatur-Unterschiede zwischen Meer und Kontinent um ein Erhebliches größer als im Sommer. Während man in Irland im Januar durchschnittlich +7 °C mißt, hat man für Hamburg einen Wert von 0 °C berechnet. In Moskau ist es üblicherweise –10 °C kalt und in Nordostsibirien sackt die Temperatur gar auf –40 °C herunter. Je nachdem, aus welcher Richtung die Luft herangeführt wird, kann es also in Europa im Winter recht mild, oder aber bitterkalt sein. Im Juli dagegen sind die Unterschiede viel geringer. Dann ist es – stark überspitzt ausgedrückt – beinahe gleichgültig, von woher die Luft kommt. (Natürlich gilt das alles nur im Mittel. Im Einzelfall kann es zu sehr großen Abweichungen von diesen Angaben kommen.)

Zum Schluß noch eine kleine Bemerkung über die Pünktlichkeit der phänologischen Jahreszeiten. Man hat festgestellt, daß sich der Frühling um bis zu einem Monat verfrühen und um genausoviel verspäten kann. Der Sommer kommt schon viel pünktlicher: Er tritt zwischen 2 Wochen vor und 2 Wochen nach dem langjährigen Mittelwert ein. Und der Herbst gar weicht bestenfalls noch um 5 bis 7 Tage vom Normalwert ab. An diese Zahlen sollten Sie denken, wenn sich der Winter wieder einmal endlos hinauszieht und im Garten gar nichts vorwärtsgehen will. Die Natur verfügt, wie man sieht, über eine ganz bemerkenswerte Fähigkeit, Vegetations-Verspätungen wieder aufzuholen. Bis zum Herbst ist selbst nach einem noch so kühlen Frühjahr alles wieder im Lot. (Bei sehr wärmeliebenden Pflanzen gilt das allerdings nur bedingt.) Auf der anderen Seite baut sich auch ein noch so großer Vegetationsvorsprung im Frühjahr im allgemeinen im Laufe des Sommers wieder weitgehend ab.

Literatur

van Eimern, J., und Häckel, H.: Wetter- und Klimakunde: Verlag Eugen Ulmer, Stuttgart 1984.

Geisler, G.: Pflanzenbau. Verlag Paul Parey, Berlin und Hamburg 1980.

Goebel, P.: Praktische Wetter- und Klimakunde für den Gartenfreund. Franck'sche Verlagshandlung, Stuttgart 1984.

Häckel, H.: Meteorologie. Verlag Eugen Ulmer, Stuttgart 1985.

Larcher, W., und Häckel, H.: Sorauer – Handbuch der Pflanzenkrankheiten, Bd. I, 5. Lfg. Verlag Paul Parey, Berlin und Hamburg 1985.

Mierswa, D.: Geräte für die Gartenarbeit. Verlag Eugen Ulmer, Stuttgart 1984.

Mücke, B., und Fergusson, J. A.: Der Garten der zehn Jahreszeiten. Ehrenwirt Verlag, München 1987.

Niller, E.: Unser Gemüsegarten. Obst- und Gartenbauverlag, München 1980.

Seifert, C., und Keller, R.: Der Garten in den Jahreszeiten. BLV, München 1983.

Titze, W.: Frisches Gemüse aus dem Garten. Verlag Eugen Ulmer, Stuttgart 1987.

Walter, M.: Das Kleingewächshausbuch. Verlag Eugen Ulmer, Stuttgart 1980.

Wilhelm, P. G.: Das Gartenbuch für jedermann. Verlag Eugen Ulmer, Stuttgart 1987.

Winter, F. u. a.: Lucas' Anleitung zum Obstbau. Verlag Eugen Ulmer, Stuttgart 1981.

Bildquellen

Fotos

Braasch, O., Landshut, Archiv des Bayerischen Landesamtes für Denkmalpflege Nr.: 6316/023; 362 i-00, freigegeben durch Regierungspräsident Darmstadt Nr. 11,81: Seite 10.

Erhardt, W., Langenstadt: Titelbild.

König, C., München: Seite 47.

Kumpfmüller, H., Obernberg: Seite 7.

Lehrstuhl für Phytopathologie der TU München-Weihenstephan: Seite 53.

Limmer, J., Bamberg: Seite 8.

Reinhard, H., Heiligkreuzsteinach: Seite 39.

Santor, P., Karlsruhe: Seite 70

Zernecke, D., München, Bildarchiv der Bayerischen Staatsforstverwaltung: Seite 46.

Alle anderen Aufnahmen stammen vom Autor.

Zeichnungen

Die Zeichnungen fertigte Helmuth Flubacher, Fellbach nach Vorlagen des Autors bzw. nach Vorlagen folgender Autoren:

Seite 24: Atlas über die Sonnenstrahlung Europas (verändert nach Golchert H.)

Seite 30: Möller, F. (ergänzt)

Seite 48: Eidg. Institut für Schnee- und Lawinenforschung

Seite 61: Mohrmann, J. und Kessler, J.

Seite 68, 73: nach Daten von Thran, P. und Broekhuizen, S.

Seite 88: Winter, F. (abgeändert)

Seite 94: Oke, T. und Häckel, H.

Seite 95: nach Daten des Deutschen Wetterdienstes

Seite 98: Weischet, W.

Seite 101: nach Angaben bei zu Jeddeloh

Seite 114: nach verschiedenen Quellen

Seite 115: Häckel, H. und Winkler, J. (abgeändert)

Seite 119: Schnelle, F. (vereinfacht)

Sachregister

Seitenzahlen mit Sternchen * verweisen auf Abbildungen, Tabellen oder Karten